La cuisine et l'arthrite

Collection Cuisine et Santé

LES ÉDITIONS ADN GENÈVE
6, route de Compois
1222 Vésenaz/Suisse
Tél : 022 722 06 46
Fax: 022 722 06 49

La cuisine et l'arthrite

Plus de 50 recettes simples, savoureuses et nutritives pour les personnes souffrant d'arthrite

Michelle Berriedale-Johnson
Traduit par Eliane Horgen

Titre original:
The Arthritis Cookbook

Version originale

Version française:
La cuisine et l'arthrite
Editions ADN Genève, Suisse 2004
6, route de Compois
1222 Vésenaz / Suisse
Tél. 022/722 06 46
Fax 022/722 06 49
www.editionsadn.com
E-mail dany.goldstein@axions.ch

ISBN 2-940-307-28-8

Imprimé en Chine

SOMMAIRE

Introduction

L'arthrite est une maladie qui affecte les articulations, surtout celles qui travaillent sous charge ou sous de gros efforts, telles que les genoux, les hanches, les coudes, les poignets et les mains.
Dans le monde occidental, on estime que près de la moitié de la population souffrira d'arthrite à un moment donné de la vie, et que beaucoup de ces personnes seront sérieusement affectées de douleurs permanentes, de raideurs et de handicaps.
Cette perspective est vraiment déprimante.

L'arthrite n'est pas une maladie simple, elle compte au moins six formes courantes et plus de cent variantes. Les rhumatismes tout aussi douloureux et souvent confondus avec celle-ci relèvent d'une pathologie moins grave, touchant tendons, muscles et ligaments. Les articulations sont des structures très complexes et flexibles demandant un bon entretien pour fonctionner longtemps et de façon efficace. C'est une articulation endommagée qui peut provoquer l'arthrite. Le dommage peut avoir diverses origines: Un traumatisme, un accident, un effort anormal, une infection virale. étonnemant, un dommage n'entraîne pas forcément une arthrite. A ce jour, ormis une prédisposition génétique, les médecins ne s'expliquent pas pourquoi l'arthrite ne touche que certaines personnes.

La structure d'une articulation

Une articulation sert à relier deux os, séparés et protégés par une couche de cartilage. Celui-ci est un tissu spongieux, gorgé d'eau, sans vaisseaux sanguins ni terminaisons nerveuses, lui-même jamais douloureux. L'articulation est maintenue en place par une structure tubulaire attachée aux deux extrémités des os et tapissée d'une membrane synoviale et lubrifiée par la synovie, liquide qui permet aux parties mobiles de glisser l'une contre l'autre avec un minimum de friction. L'articulation est stabilisée par un réseau de muscles, de ligaments et de tendons sur sa face interne et externe.

Modifications d'une articulation arthritique

Le cartilage protecteur est vital pour le bon fonctionnement de l'articulation. S'il est endommagé, l'efficacité du coussin séparant les deux os en sera affecté. Lorsque le cartilage n'assure plus sa fonction, il en résulte de sérieux effets: Au début, une certaine perte d'eau, après quoi le cartilage épaissit et se ramollit. De petites déchirures apparaissent, s'aggravant pour atteindre progressivement l'os, dont l'extrémité elle-même peut être endommagée. La capsule synoviale peut être abîmée ou enflammée. Les tendons et ligaments voisins peuvent aussi être touchés. Dans certains cas, l'os tente de réparer le dommage en formant des éperons osseux qui étirent la membrane sensible couvrant l'os déformant visiblement l'articulation. La membrane synoviale, la capsule s'enflamment et l'articulation se raidit. Bien que le cartilage ne le soit pas, les autres parties de l'articulation, dont l'os, sont très sensibles à la douleur. Les douleurs croissantes et la rigidité conduisent à une immobilisation de l'articulation, l'expérience montre que l'immobilité ne fait qu'empirer la situation. Ainsi, les personnes arthritiques souffrent davantage au réveil, après l'immobilité de la nuit, que plus tard dans la journée, après un peu d'exercice.

Types d'arthrite

Bien que l'arthrite puisse prendre des formes diverses, le problème de base pour l'articulation est le même.

A gauche: L'ostéoarthrite apparaît le plus souvent dans les articulations soumises à plus d'effort. Ainsi, les personnes s'occupant de jardiner souffriront plus des genoux, en raison des longues heures passées à désherber à genoux.

A droite : L'arthrite affecte les personnes de tous âges, même les enfants. L'arthrite juvénile est particulièrement impressionnante, mais heureusement ne laisse pas de séquelles chez la plupart des enfants.

L'ostéoarthrite

Forme la plus commune d'arthrite, associée au vieillissement et à la dégénérescence de l'organisme. Plus fréquente chez les femmes, elle affecte souvent une articulation qui a été blessée ou abîmée par un effort, surtout les plus sollicitées, doigts, genoux, coudes, poignets, hanches et orteils. Des éperons osseux se forment autour des articulations et l'inflammation rend les mouvements difficiles et douloureux. La détérioration progressive de l'articulation peut créer des problèmes secondaires, tel le syndrome du tunnel carpien, qui apparaît quand l'arthrite du poignet provoque un pincement douloureux des nerfs, entraînant faiblesse et perte de contrôle de la main. L'arthrite dans le cou peut causer de gros maux de tête. L'arthrite de la colonne vertébrale peut entraîner des douleurs irradiant le bras ou la jambe (sciatique), ou peut endommager les vertèbres ou les nerfs de la moelle épinière.

L'arthrite rhumatoïde

Cette affection qui frappe surtout les jeunes gens est très impressionnante, imprévisible et peut disparaître aussi soudainement qu'elle est apparue. Elle provoque inflammations, douleurs, gonflements et dommages aux articulations, spécialement aux mains, poignets, coudes, pieds et genoux. Dans les cas sévères, l'arthrite rhumatoïde peut affecter des organes internes, poumons, cœur, foie, reins et ganglions. Bien qu'il n'ait pas été possible d'identifier une cause unique de cette maladie, certaines preuves indiquent le rôle d'allergies alimentaires, de déficiences nutritionnelles et d'infections virales, bactériennes ou parasitaires.

La spondylite ankylosante

Maladie inflammatoire du dos, elle peut s'étendre vers le haut ou le bas de la colonne vertébrale, touchant plutôt les hommes.

L'arthrite juvénile

Les symptômes comprennent douleurs, fièvre, enflures et éruptions cutanées s'améliorant avec le temps. Elle ne laisse chez l'enfant que peu de séquelles aux articulations.

L'arthrite liée au psoriasis

Cette affection combine psoriasis (affection de la peau) et arthrite.

L'arthrite virale

Cette maladie peut suivre une infection virale, que le patient aie souffert ou non d'arthrite.

Le lupus érythémateux

Une inflammation du tissu conjonctif. Les symptômes ressemblent à ceux de la grippe ; douleur dans les muscles et les articulations, fièvre et fatigue.

La goutte

La goutte résulte d'un excès d'acide urique. Les cristaux se déposent autour des articulations et des tendons, provoquant inflammation et douleur. Elle peut être traitée par des médicaments et en évitant les purines (riches en acide urique) présentes dans le foie, les rognons, les fruits de mer, les sardines, les anchois et la bière.

Le traitement de l'arthrite

Dans l'ensemble, la médecine conventionnelle, n'établit pas de lien entre la nourriture et l'arthrite. Néanmoins, certaines preuves suggèrent que les intolérances alimentaires et les déficiences en micro-éléments (vitamines, minéraux et oligoéléments) peuvent jouer un rôle significatif, spécialement dans le cas de l'arthrite rhumatoïde.

Les traitements conventionnels

La médecine n'offre pas de guérison aux personnes handicapées par l'arthrite. Il existe quatre catégories de traitements conventionnels :

- *Diminution des efforts exercés sur les articulations affectées.* Il est conseillé aux patients de perdre du poids. Il semble que l'obésité influe défavorablement sur les articulations, y compris celles non soumises au poids du corps.
- *Maintien des articulations en exercice.* Un exercice régulier et doux, ou de la physiothérapie, maintiendra les articulations aussi souples que possible.
- *Réduction des douleurs.* Différents médicaments antalgiques sont utilisés, dont les corticostéroïdes et des anti-inflammatoires non stéroïdes. Bien qu'ils apportent un soulagement, ils ne traitent pas le mal, ni ne ralentissent son évolution et entraînent des effets secondaires sérieux. L'usage de stéroïdes peut entraîner un gain de poids pas souhaitable chez un arthritique. A long terme, leur usage peut fragiliser les os, par ostéoporose, une perte de masse musculaire, des éruptions et autres problèmes cutanés, une mauvaise cicatrisation des plaies, la rétention de fluides, des problèmes occulaires, des déficiences nutritionnelles ou des troubles mentaux.
Les anti-inflammatoires sont réputés pour provoquer des ulcères d'estomac.
- *Elimination des infections.* Certaines formes d'arthrite et de rhumatisme articulaires semblent causées par des bactéries : Salmonelle, campylobacter ou yersin. Dans les cas de douleurs articulaires de longue durée, les antibiotiques sont utilisés.

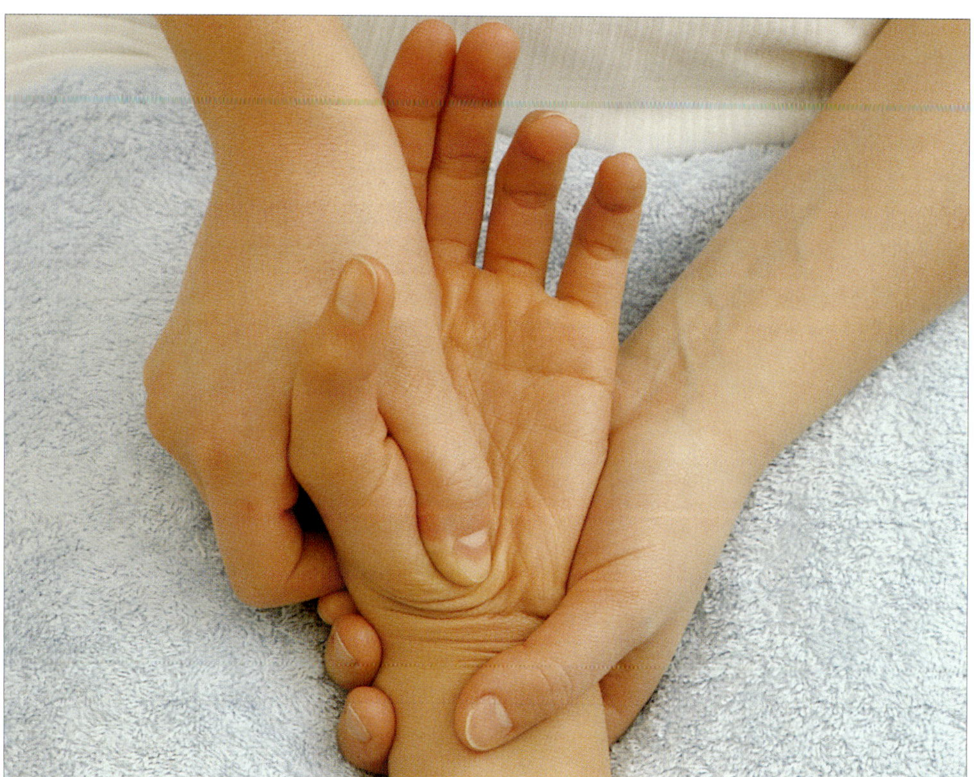

Les médecines alternatives

Des résultats spectaculaires ont, parfois, été obtenus par l'élimination ou l'inclusion d'un aliment particulier dans le régime. La plupart des patients trouveront qu'une approche combinée entraînera une amélioration de leurs symptômes, sinon une totale guérison.

- *Traitement diététique de l'inflammation.* Choisir les aliments qui ont le plus de chance de réduire l'inflammation des articulations.
- *Complément de vitamines et éléments minéraux.* Un régime riche en vitamines et éléments minéraux pourra améliorer les symptômes de l'arthrite.
- *Régime d'exclusion sélective.* Identifier et éliminer un aliment particulier, tel que le blé ou la tomate, pouvant déclencher ou aggraver l'arthrite.
- *Contrôle du poids.* Suivre un régime qui vous fera perdre du poids. Les diététiciens recommandent une perte progressive de poids, en augmentant

Autres causes

Comme pour la plupart des maladies, le stress semble aggraver l'arthrite et empêcher sa guérison. Aussi, la réduction du stress est-elle une part importante du traitement, conventionnel ou alternatif.
Il existe des preuves démontrant que si le déséquilibre de la flore intestinale (prolifération de candidas albicans) ne provoque pas d'arthrite, il pourrait en aggraver les symptômes.

A gauche : Les médecins recommandent souvent la physiothérapie pour exercer les articulations, dont l'immobilisation aggrave l'état. Un massage léger vous aidera à garder les articulations aussi souples que possible.

Perdre du poids

Perdre du poids est une recommandation universelle pour le traitement de tous les types d'arthrite. Vous devez en faire une priorité lorsque vous planifierez votre régime. Bien des conseils diététiques sur la perte de poids pourront vous aider également à accroître le niveau des antioxydants et à réduire l'inflammation des articulations.

votre ration de légumes, de légumineuses et de quelques céréales, et réduisant votre ration de graisses, surtout celles d'origine animale. La réduction du sucre et de la farine blanche entraînera une réduction de poids souhaitée chez la plupart des personnes. Cette réduction n'élimine pas toutes perspectives de desserts, de gâteaux ou de biscuits. Les dattes, pruneaux, raisins secs, pommes et poires sont excellents pour sucrer puddings et gâteaux et il est possible d'utiliser toutes sortes d'autres farines, comme la farine complète, la farine de riz ou de pois chiche, à la place de farine blanche.

Nouvelles méthodes de cuisson

Le choix judicieux du mode de préparation des aliments est un moyen facile de réduire l'emploi des huiles de cuisson. Les préparations à la friture doivent être bannies. La cuisson sautée à la poêle, avec un peu d'huile d'olive et une cuillère d'eau pour éviter à l'huile de chauffer trop, convient.

Mais il est étonnant de voir combien les cuissons au gril, au four, à la vapeur, le pochage, le mijotage, peuvent facilement se substituer à la friture. Si vous aimez la viande, grillez des hamburgers, des saucisses, du bacon, des bâtonnets de poisson. Cuisez les pommes de terre au four ou à l'eau. Si vous devez consommer des frites, au four elles seront bien moins grasses.

Les plats mijotés, dans lesquels les ingrédients sont d'abord saisis dans l'huile, sont souvent aussi délectables si cette étape est omise. Mélangez les ingrédients dans la cocotte et mettez à cuire le plat un peu plus longtemps à température plus basse, pour permettre aux saveurs de s'exprimer.

Ci-dessus : Les aliments gras, surtout les viandes et les graisses animales, peuvent accroître le gonflement et la douleur dans les articulations.

Les légumes sont bien meilleurs cuits à la vapeur, ils conservent, ainsi les éléments nutritifs et leur cuisson est mieux contrôlée. Les faire sauter est aussi une bonne méthode. Vous n'emploierez qu'un tout petit peu d'huile et une cuillère d'eau. Placez les légumes, l'huile et l'eau dans une cocotte avec un couvercle bien étanche et laissez mijoter dans leurs propres sucs. Vous ne perdrez que peu d'éléments nutritifs, sauf la vitamine C, qui disparaît quelle que soit la méthode de cuisson.

Mangez moins de viande

Les végétariens semblent avoir moins d'ennuis d'arthrite que les carnivores. Il y a là une indication pour essayer de réduire la consommation globale de viande. Si l'idée d'un repas entièrement végétarien ne vous séduit pas, il existe un certain nombre de substituts de viande qui n'ont pas mauvais goût. Les protéines végétales texturées ont une texture proche de la viande et, comme le tofu, n'ont pas de goût propre, mais absorbent bien les autres saveurs et peuvent être utilisées dans les currys, les plats mijotés avec beaucoup d'herbes et des légumes pleins de saveurs. Le tofu s'achète aussi fumé et déjà mariné, et peut être utilisé dans les plats sautés, risottos, pilafs, cassoulets et salades préparées avec une sauce relevée.

Prévoyez quelques repas végétariens dans votre régime hebdomadaire. Un bon assortiment de légumes sautés avec quelques herbes et noix, constitue un plat excellent et facile à préparer. Des plats à base de haricots, noix, graines, herbes aromatiques, épices et algues (qu'il est aujourd'hui facile de se procurer et qui ont un goût merveilleux), sont à la fois festifs, roboratifs, sains, et ne font pas grossir.

Réduire l'inflammation

L'inflammation est un moyen utilisé par l'organisme pour mobiliser plus de sang, avec tous ses éléments curatifs, dans une zone traumatisée. Dans le cas de l'arthrite, l'apport de sang, loin de soigner, provoque un échauffement et un gonflement qui ne font qu'augmenter la rigidité et la douleur de l'articulation.

L'inflammation des articulations, manifestation de l'arthrite, peut être provoquée par le dommage d'une partie de l'articulation, souvent de façon permanente. Une autre cause possible est un dérèglement des mécanismes du corps qui provoquent les inflammations.

Certains aliments, surtout les graisses, influencent, de façon positive ou négative, le processus inflammatoire. Ceci est dû aux substances, comme les prostaglandines, qui contrôlent l'inflammation, et qui dérivent des graisses du corps. La prostaglandine E_2 déclenche les inflammations et provient des graisses animales et huiles de cuisson. Les prostaglandines E_1 et E_3 inhibent le gonflement et réduisent la douleur. La prostaglandine E_1 de l'acide gamma-linolénique, des huiles de certaines graines ; celles de bourrache, d'onagre, de cassis, de lin et de chanvre. La prostaglandine E_3 de l'acide alpha-linolénique, se trouve dans les légumes verts en feuilles, l'huile de colza, de germe de blé et les poissons gras.

Bien que ces graisses n'agissent pas toujours de la même manière, réduire la consommation des graisses d'origine animale et des huiles de cuisson, d'une part, et d'accroître celle d'huiles végétales et de poissons gras, d'autre part, peut permettre d'influer sur les inflammations sans les effets secondaires provoqués par les médicaments. C'est pourquoi beaucoup d'arthritiques trouvent dans un régime végétarien, un motif d'amélioration de leur état.

L'acide gamma-linolénique

Le moyen le plus simple d'accroître l'apport d'acide gamma-linolénique, afin d'augmenter le taux de prostaglandine réduisant la douleur, est de manger plus de graines et d'huiles de graines. Les huiles d'onagre, de bourrache, de cassis peuvent toutes être prises en complément alimentaire.

Ci-dessus : L'huile de foie de morue, nature ou en capsules, est un bon moyen d'accroître votre consommation d'acide alpha-linolénique, qui vous aidera à contrôler l'inflammation de votre arthrite.

Les huiles de lin et de chanvre ont malheureusement un goût déplaisant. Le professeur canadien Erasme Udo prépare une huile mélangée, riche en acide gamma-linolénique, et assez bonne pour les sauces à salade. Bien que chère, l'huile Udo est un bon moyen d'absorber une dose élevée d'acide gamma-linolénique.

Vous pouvez aussi consommer des graines de courge, de tournesol, de sésame et de lin, comme telles ou ajoutées à n'importe quel plat. Vous pouvez les consommer entières, en les mâchant bien pour extraire l'huile qu'elles contiennent, ou les broyer au mixer, au moulin à café ou au mortier. Les graines entières peuvent être grillées au four, pour varier leurs goûts.

A gauche : Certaines graines contiennent de bonnes quantités d'acide gamma linolénique. Essayez de consommer une poignée de graines à chaque repas. Depuis le haut dans le sens des aiguilles d'une montre : graines de tournesol, lin, sésame et courge.

L'acide alpha-linolénique

Moins de graisses animales s'accompagne généralement de la consommation de fruits et de légumes frais augmentant la ration d'acide alpha-linolénique et permettant la production de prostaglandine E_3. L'huile de germe de blé pourra accroître l'apport d'acide alpha-linolénique, mais pas à un régime sans blé. Un bon moyen est de consommer des poissons gras. Le terme de gras peut sembler rebutant. En fait, les poissons gras, tels que maquereau, hareng, sardines, anchois, saumon, comptent parmi les poissons les plus savoureux. La plupart sont disponibles préparés sans peau et sans arêtes, frais, congelés ou en conserve. On peut les préparer en plat principal, mais aussi ajoutés en petite quantité dans les salades ou les plats de riz, de haricots ou de légumes.

Le gingembre

Cette épice a été utilisée depuis des siècles dans la médecine traditionnelle ayurvédique en Inde pour ses vertus anti-inflammatoires. Le gingembre bloque les enzymes produisant les prostaglandines responsables d'inflammations. Le gingembre ne fait pas d'effet sur tout le monde, mais une dose quotidienne de 1 à 2 grammes de gingembre en poudre, ou 25 grammes de gingembre frais, pelé et râpé, prise pendant trois à quatre mois, semble produire des résultats très positifs sur les symptômes de la moitié des patients qui ont essayé. Si vous aimez le gingembre, vous pouvez en boire, dans du thé au gingembre ou du vin, ou comme confiserie, recouvert de chocolat. Le gingembre moulu peut s'utiliser dans les puddings, les gâteaux et les biscuits. Le rhizome frais est délicieux dans de nombreux plats. Vous pouvez également le manger confit dans une glace.

Les anchois, en remplacement de sel dans certains plats, augmenteront votre taux d'acide alpha-linolénique et, en réduisant votre consommation de sel fera baisser votre tension artérielle.

Ci-dessous : Les poissons gras sont un des aliments les meilleurs pour réduire une inflammation. Il est parfois difficile de savoir si un poisson appartient à cette catégorie. De gauche à droite : un steak de thon, des maquereaux, un hareng, une darne de saumon.

Davantage de vitamines et de minéraux

Même avec un régime sain et équilibré, une carence en micro éléments peut survenir, spécialement avec l'âge. Cela peut provenir soit d'un déficit en vitamines et éléments minéraux dans le régime, soit d'une incapacité de l'organisme à absorber convenablement ces substances des aliments.

Les os et les articulations qui ne reçoivent pas assez de vitamines et d'éléments minéraux pour leur entretien, peuvent dégénérer. Un complément peut être utile, mais il faudrait consulter un diététicien et définir, par une analyse sanguine, s'il y a une carence de certaines substances.

Le fer, le zinc, le cuivre, le sélénium et le manganèse sont importants pour le bon état des articulations, et leur assimilation peut être perturbée par une consommation excessive de thé, de café et de son. Le remède traditionnel de l'arthrite consistant à porter un bracelet de cuivre peut être utile, car des traces de cuivre peuvent être absorbées par la peau.

Les radicaux libres

Beaucoup de gens ont entendu parler des radicaux libres à propos du cancer. Ceci concerne également l'arthrite. Lorsque l'oxygène est transporté par le sang jusqu'aux cellules, des radicaux libres chimiques (comme du peroxyde d'hydrogène) sont libérés. Bien que ces radicaux libres soient très instables et ne subsistent pas plus de 1 à 2 secondes, ils peuvent causer pendant ce court instant toutes sortes de dommages dans l'organisme, en captant les électrons des molécules des cellules et en endommageant les tissus cellulaires. Les antioxydants neutralisent les radicaux libres en leur cédant des électrons d'hydrogène avant qu'ils ne les prennent aux cellules. Vous devriez manger plein d'aliments riches en antioxydants:

Les vitamines A, C, E et le béta-carotène sont les plus connus, sans négliger le lycopène (dans les tomates) le zinc et le manganèse. Beaucoup de flavonoïdes, qui donnent leur couleur aux poivrons, aux myrtilles, aux cerises et aux citrons, sont aussi de puissants antioxydants.

Il est important d'absorber beaucoup d'antioxydants, dans les aliments et sous forme de complément. Dans l'idéal, ces compléments devraient être prescrits médicalement, de façon à être adaptés à vos besoins particuliers.

Vitamine A

Présente dans le foie, surtout celui des poissons, les œufs, les fruits oranges et jaunes et les légumes verts en feuilles, la vitamine A ne doit pas être prise au-delà de 10 000 UI par jour. Une cuillère de bonne vieille huile de foie de morue est le moyen le plus simple, sinon le plus agréable, pour d'augmenter la dose de vitamine A. Autrement, il suffit d'inclure dans vos plats un peu de foie de volaille, de veau ou d'agneau. Un peu de foie de volaille ajouté à un

A gauche: Boire trop de thé peut entraîner une réduction de l'absorption de minéraux, tel que le fer. Les tisanes sont un bon substitut et ne contiennent pratiquement pas de calories.

ragoût n'en modifie pratiquement pas le goût. Néanmoins, les arthritiques devant essayer de réduire leur consommation de viande, il est préférable de manger régulièrement des œufs, des légumes et des fruits oranges et jaunes (carottes, poivrons, courgettes) en salades et en plats végétariens.

Vitamine C

Elle est présente dans la plupart des fruits et légumes frais, mais elle est facilement détruite par la cuisson. Pour plus de vitamine C, mangez davantage de fruits et légumes crus. Les personnes qui éliminent les agrumes ou les solanacées (pommes de terre, tomates, poivrons, aubergines) dans un processus d'exclusion sélective, trouveront de substantielles quantités de vitamine C dans beaucoup d'autres fruits et légumes frais.

Vitamine E

Présente dans la plupart des huiles végétales, les noix, les graines, les avocats (riches aussi en vitamine C), les pêches, les brocolis, les épinards et les asperges. Les graines et huiles de graines utiles pour leurs propriétés anti-inflammatoires auront aussi l'avantage de fournir une quantité appréciable de vitamine E.

Sélénium

Céréales et noix sont une source de sélénium, mais leur teneur dépend du sol dans lequel elles ont poussé. Le sélénium et la vitamine E interagissent renforçant mutuellement leur efficacité. Les noix du Brésil, les céréales et les légumineuses (surtout les lentilles), les haricots mungo, les haricots rouges, et le poisson sont d' excellentes sources de sélénium dans un régime.

Bétacarotène

C'est le plus connu des quelques 600 types de caroténoïdes, pigments végétaux donnant les couleurs jaunes, orange et rouges aux fruits. Les chercheurs sont très intéressés par les caroténoïdes, dont ils soupçonnent une activité antioxydante encore plus puissante que les vitamines A, C et E. Comme beaucoup de caroténoïdes, le bétacarotène peut être converti par l'organisme en vitamine A. On le trouve dans les carottes, les abricots, le melon cantaloup, la patate douce, la courge, les épinards, le chou frisé et le persil.

Ci-dessus : Les fruits sont un excellent édulcorant naturel et peuvent être utilisés frais ou secs. Ils sont une source de vitamine C et d'autres oligo-éléments.

A droite : Les compléments vous assurent d'apporter les oligo-éléments qui pourraient vous manquer et sont une source utile d'antioxydants.

Les allergies alimentaires

Bien que la plupart des médecins conventionnels réfutent l'allergie alimentaire comme cause de l'arthrite, il y a un ensemble croissant d'indications pour suggérer une origine allergique dans un certain nombre de cas de rhumatismes articulaires et, dans une moindre mesure, dans d'autres formes d'arthrite.

La quantité d'aliments allergisants nécessaires pour provoquer une réaction, sa gravité et, l'amélioration obtenue en éliminant l'aliment incriminé du régime, dépendent de chaque individu. Les symptômes peuvent disparaître complètement en supprimant l'aliment en cause et reviennent, dès l'absorption de sa plus petite quantité. Ou bien, l'état s'améliore un peu en réduisant la consommation d'un autre aliment, mais pas s'il y a suppression complète de celui-ci. Il est important que chacun fasse ses expériences et trouve son propre régime.

Bien sûr, tout le monde ne guérira pas de son arthrite, ou n'améliorera même pas son état en changeant de régime. La plupart des gens tireront bénéfice d'un régime plus sain et plus équilibré, et les arthritiques, à moins d'être vraiment minces, se porteront mieux après avoir perdu du poids. Il n'existe que peu de statistiques, mais il semble que près de 40 % d'arthritiques (spécialement ceux souffrant de rhumatisme articulaire) verront un effet positif après amélioration de leur régime. Sur ces 40 %, cetains se trouveront miraculeusement guéris.

Les aliments potentiellement allergisants

Aucun aliment ne peut être garanti non allergénique. Chacun peut provoquer une allergie pouvant se manifester sous forme d'arthrite. Une personne peut très bien être allergique à plusieurs aliments. Pour tester correctement une réaction allergique, il faut essayer tous les aliments les uns après les autres, séparément et en combinaison. Certains aliments semblent toutefois être plus souvent concernés.

- Les laitages, comme le lait, le fromage, le beurre, la crème et le yaourt.
- Les légumes de la famille des solanacées, comprenant les poivrons, la tomate, la pomme de terre, le tabac, les piments et l'aubergine.
- Les agrumes, et surtout le jus d'orange.
- Le blé et tous ses dérivés.

Candida

Si votre problème est une candidose, infection par prolifération de candida, la réponse usuelle est une stratégie à deux fronts : un traitement médicamenteux antifongique, et un régime éliminant le sucre et tous les aliments fermentés, qui privera le candida d'aliments.

Ci-dessus et dans le sens des aiguilles d'une montre : Les laitages comprennent le fromage cheddar, le lait de vache, les yaourts, le Brie.

Ci-dessus et dans le sens des aiguilles d'une montre : Les solanacées comprennent l'aubergine, les poivrons rouges et verts, les piments, les pommes de terre.

Ci-dessus : Les agrumes et plus spécialement les oranges et le jus d'oranges provoquent des allergies sérieuses chez certaines personnes.

Ci-dessus : La farine et les pâtes qui sont fabriqués à partir du blé, et sont à éviter par les personnes ayant supprimé celui-ci de leur régime.

Les régimes d'exclusion

Il n'est pas établi qu'une allergie alimentaire cause ou aggrave une arthrite. La modification du régime alimentaire éliminant les aliments déclencheurs de crise apporte de grands avantages: Réduction des douleurs, meilleure mobilité, moindre détérioration des articulations, usage réduit de médicaments et moins d'effets secondaires. Dans certains cas, les effets sont si positifs qu'on peut parler de guérison. Pour la plupart, l'exclusion de ces aliments pas bien tolérés ne supprimera pas l'arthrite, mais l'état s'en trouvera si sensiblement amélioré que l'effort en vaut la peine. Il faut prendre en compte que si un aliment perturbe l'organisme, il peut aggraver l'arthrite et aussi avoir d'autres effets nocifs sur la santé. Son exclusion ou la réduction de sa consommation, aura un effet bénéfique sur l'état général.

Un diététicien devra être consulté avant le début d'un régime d'exclusion, par ceux qui prennent beaucoup de médicaments, ceux qui ont aussi d'autres problèmes de santé, les patients très jeunes ou très âgés, et les femmes enceintes. Un régime excluant plus d'un groupe d'aliments (laitages, agrumes, blé, solanacées, etc.) ne doit pas être adopté par ces catégories de personnes, excepté sous stricte surveillance médicale.

Il y a deux méthodes pour identifier les aliments fautifs: un test d'allergie ou la tenue d'un agenda alimentaire.

Les tests d'allergie

Existent sous forme de kits peu chers, recherchant les six allergènes les plus courants ou bien, une analyse approfondie du sang couvrant de 100 à 120 aliments, avec conseils et commentaires.

Ces tests d'allergies peuvent être un raccourci intéressant dans la recherche des aliments allergènes. Le résultat devra être validé par une exclusion pendant un certain temps. Si un test enregistre une réaction à divers aliments, ne les excluez pas avant l'avis d'un diététicien. Il y a plus de danger que de bons résultats à espérer en suivant un régime de famine. S'il y a véritablement une mauvaise réaction à certains aliments, la consultation d'un spécialiste compétent est nécessaire et permettra de trouver une solution équilibrée.

La tenue d'un agenda alimentaire

Cet agenda permettra de penser à tous les aliments consommés. Il doit être tenu pendant au moins plusieurs semaines.

Notez chaque aliment absorbé durant la journée, depuis le léchage d'une cuillère de confiture jusqu'à la finition du repas d'un enfant. L'agenda doit également noter l'évolution de la maladie, s'il y a amélioration ou aggravation. Il doit figurer au moins cinq mentions par jour portant sur la nourriture et sur l'état de santé.

Ci-dessus: C'est une bonne idée de vous confier à votre médecin ou à votre diététicien avant d'adopter un régime d'exclusion. Il pourra vous aider à planifier le régime de façon à ne manquer d'aucun groupe essentiel d'aliments.

La découverte du coupable

La tenue d'un agenda alimentaire détaillé pendant une semaine environ permet de dégager certaines conclusions.

Ressentez-vous, par exemple, toujours un léger malaise une 1/2 heure après avoir bu un verre de jus d'orange au petit déjeuner? Essayez, en prochaine étape et pour avoir une preuve qu'il y a là une intolérance, d'exclure cet aliment pendant au moins un mois.

Vous devrez faire preuve de patience pour identifier les aliments perturbateurs, car cela peut prendre plusieurs mois.

Adoption d'un régime d'exclusion

Le groupe d'aliments suspect est probablement l'un des quatre groupes habituellement en cause dans l'arthrite: les laitages, les agrumes, le blé et les légumes de la famille des solanacées. L'aliment que vous soupçonnez d'entraîner une allergie doit être rigoureusement exclu de votre régime pendant au moins deux semaines et de préférence pendant un mois.

Il faut un temps étonnamment long pour qu'un aliment s'élimine totalement de l'organisme, et une personne réellement allergique à un aliment réagira à la plus petite trace de cet aliment dans son corps.

La signification des étiquettes

Bien que cet exercice ralentisse vos achats, essayez de lire soigneusement l'étiquetage des aliments, pour vous assurer qu'ils ne contiennent même pas une trace de l'aliment que vous devez exclure de votre régime. Pour être efficace, il est nécessaire de connaître tous les noms sous lesquels l'aliment peut apparaître.

Ainsi, le petit lait et la caséine sont des dérivés du lait, et les amidons modifiés sont issus de céréales.

Les aliments à éviter

Les listes ci-dessous mentionnent des aliments et des ingrédients qui ne sont pas identifiés instantanément comme faisant partie de groupes d'aliments à éviter ou à supprimer. Cela vous donne un bon exemple de la démarche à suivre, sans toutefois être exhaustif.

Blé:

Aliments
- Couscous
- Boissons chaudes instantanées
- Poudre de curry
- Poivre blanc (souvent mêlé de farine)
- Sauce de soja (sauf la sauce tamari préparée sans céréales)
- Semoule

Ingrédients
- Amidons modifiés
- Biscottes
- Glutamate de sodium

Vérifiez les étiquettes des produits suivants
- Confiseries
- Crème de raifort
- Ketchups
- Mélanges d'épices
- Moutardes
- Préparations de viande
- Sauces de salade
- Sauces
- Sauces chinoises
- Saucisses
- Soupes

Solanacées
- Aubergines
- Piments
- Poivrons
- Pommes de terre
- Tomates

Epices
- Paprika
- Poivre de Cayenne
- Poudre de curry
- Poudre de piment

Laitages

Aliments
- Babeurre
- Beurres
- Crème (simple, double, à fouetter)
- Fromages (y compris fromage blanc, fromage fondu...)
- Ghee
- Pâtes à crêpes
- Poudres de lait
- Substituts de crème
- Yaourts

Ingrédients
- Caséinates
- Caséine
- Lactose
- Margarines
- Matières grasses animales
- Petit lait
- Solides du lait

Vérifiez l'étiquetage de:
- Chocolats
- Graisses végétales
- Margarines allégées

Agrumes
- Citrons
- Citrons verts
- Clémentines
- Mandarines
- Minéolas
- Oranges
- Pamplemousses
- Pomelos
- Tangerines

Les plats cuisinés sont rarement adaptés aux personnes suivant un régime d'exclusion, bien qu'il y ait un nombre croissant de sociétés produisant des préparations sans laitages, sans blé ou sans divers autres produits particuliers. Dans les recettes suivantes, si vous suivez un régime sans laitages, sans solanacées ou sans agrumes, votre attention est attirée. Soit vous devez remplacer l'ingrédient, soit le supprimer.

Ingrédients de rechange

Il est relativement facile de trouver des solutions de rechange pour les ingrédients exclus les plus courant.

Ci-dessus : Il existe un bon choix de farines, de pâtes et de nouilles sans blé.

Régime sans blé

Il y a maintenant de plus en plus de produits sans blé, tels que farine, pains, pâtes, pizzas, gâteaux et biscuits. Mais l'offre reste limitée et les produits sont chers. La fécule de pomme de terre ou la maïzena peuvent être utilisées pour la cuisine, et l'on peut faire du pain ou des gâteaux avec de la farine sans blé, de la farine de pois chiche ou un mélange de faine de riz et de flocons d'avoine.

Régime sans laitages

Les laitages exclus sont ceux d'origine bovine, et non ceux de brebis, chèvre ou autres animaux. Le lait de vache peut être remplacé par du lait de brebis, de chèvre, de soja ou d'avoine pour la plupart des préparations salées. Pour les préparations sucrées, le lait de riz et le lait de coco constituent de bonnes alternatives. Il existe des margarines sans lait (vérifiez soigneusement la liste des ingrédients) qui peuvent se substituer au beurre, pour

Ci-dessus : Lait de soja et fromage de chèvre sont des alternatives utiles aux laitages.

tartiner et pour la cuisson. Il existe un choix toujours plus large de yaourts et même de glaces à base de lait de brebis, de chèvre et surtout de soja.

Le fromage pose un problème plus difficile, car l'industrie n'a toujours pas proposé un substitut de fromage qui rappelle tant soit peu le goût de ce produit. Il y a cependant des « fromages » à tartiner, à base de soja, qui sont mangeables, quoique pas vraiment extraordinaires.

Ci-dessus : Utilisez des légumes racines comme le rutabaga, la patate douce ou le navet.

Ci-dessus : Un bouillon concentré peut remplacer les tomates dans bien de recettes.

Régime sans solanacées

Ce régime exclut les pommes de terre, tomates, piments, poivrons et aubergines. Il existe nombre de légumes racines qui peuvent être utilisés au lieu des pommes de terre, comme la patate douce, le céleri rave, le topinambour, le panais, le rutabaga, la carotte et les courges. Le plus difficile à remplacer est la tomate, car il n'y a pas de réel substitut satisfaisant pour sa saveur acide et sucrée et pour son jus. Dans les recettes incluant des tomates pour leur jus, mélangez plein d'oignons et d'herbes aromatiques hachées dans un peu de bouillon bien relevé et concentré. On peut se passer plus facilement d'aubergines et de poivrons. La saveur forte du piment peut être remplacée par davantage de poivre. Rappelez-vous que le poivre de Cayenne dérive de piments séchés et que le paprika est produit à partir de poivrons.

Ci-dessus : Remplacez le piment par d'autres épices comme le gingembre moulu, le curcuma ou le poivre.

Pas d'amélioration ?

Un mois de régime d'exclusion peut n'apporter aucune amélioration. Il se peut que l'exclusion ne porte pas sur le bon groupe d'aliments. Dans ce cas, essayez-en un autre. Procédez par élimination en testant les quatre principaux groupes. Si vous n'observez aucune différence, peut-être que plusieurs aliments sont à l'origine de votre problème. Des succès ont été obtenus avec des régimes spécifiques excluant plusieurs types d'aliments. Un spécialiste américain, lui-même ex-arthritique, recommande un régime basé uniquement sur les fruits de mer, les légumes et le riz.

Le jeûne

Si vous n'avez pas obtenu de résultats après exclusion des quatre familles d'aliments, mais que votre problème est d'origine alimentaire vous pourriez envisager un jeûne. Pendant quatre à cinq jours, ne consommez que de l'eau claire. Si un aliment est en cause, il sera exclu automatiquement, et vous constaterez une amélioration. Si c'est le cas, il faut entreprendre un travail de détective pour identifier le ou les aliments en cause. Il ne faut pas s'engager dans cette voie à la légère, mais SEULEMENT en prenant son temps et sous la supervision d'un médecin ou d'un diététicien. Ces précautions s'appliquent spécialement à ceux qui n'ont pas un bon état général, sont sous traitement médical, sont très jeunes ou très âgés, ou en cours de grossesse.

En dehors du fait que le jeûne prolongé crée un sentiment de vertige ou peut provoquer des maux de tête, quiconque réagit mal à certains aliments peut, à cette occasion, se désintoxiquer. Attention ! Ce processus peut être aussi dramatique que dans un cas de désintoxication d'alcool ou de drogue et peut faire se sentir soudainement assez mal.

Un aliment pour confirmer une réaction positive d'exclusion

Si le régime d'exclusion a donné un résultat positif et l'arthritique soulagée, même légèrement, il convient de confirmer que la cause des douleurs vient bien de l'aliment incriminé, et non pas d'un autre aspect du régime. C'est pourquoi l'organisme doit subir une épreuve avec cet aliment. Il faut réintroduire l'aliment exclu, en quantité raisonnable, pendant une semaine. Il peut y avoir une réaction immédiate, ou une dégradation progressive après quelques jours. Dans les deux cas, cela confirme que l'aliment en question est bien à l'origine du problème. Il appartient à chacun de décider si l'amélioration de l'état de santé vaut la peine des contraintes de régime de la vie quotidienne. Il peut être utile de continuer à rechercher si des améliorations supplémentaires peuvent être obtenues. Un régime varié est toujours une bonne chose et, en continuant d'expérimenter d'autres façons de cuisiner, vous pourrez même trouver de nouvelles satisfactions dans la nourriture et vivre cette expérience comme une sorte d'aventure.

Un coup d'œil à ces recommandations peut vous donner l'impression que vous allez perdre du poids rapidement, car il semble ne rester que peu

A droite : Un jeûne ne doit être entrepris que si vous avez le temps nécessaire à y consacrer, car vous pouvez mal réagir et ne pas vous sentir très bien.

Suivre un régime spécial

La théorie est une chose, mais la pratique en est une autre. C'est particulièrement le cas lorsqu'on suit un régime spécial. Efforcez-vous d'être positif et concentrez-vous sur les différentes méthodes de cuisson et sur les divers ingrédients à utiliser, plutôt que sur les aliments à exclure.

d'aliments permis. Néanmoins, un régime conçu pour soulager l'arthrite est aussi varié qu'un régime normal. Cela demandera un petit peu plus d'effort, mais il n'y a pas de raison pour que les aménagements ne soient pas pris en compte dans les habitudes alimentaires familiales.

Si ces aménagements sont discrets, même les chipoteurs ne s'en apercevront probablement pas. Introduire de nouveaux aliments, surtout lorsque beaucoup d'entre eux sont réellement savoureux, s'avère plus facile que d'éliminer des mets favoris. Dans tous les cas, l'implication de la famille peut rendre le régime et la vie plus facile et devenir une aventure pour tous. Feuilletez des livres de cuisine de différentes cultures pour trouver des inspirations nouvelles. Essayez des plats traditionnels de l'Inde, de la Chine, de Malaisie et d'Indonésie, par exemple, et vous serez surpris du nombre de recettes fabuleuses, pauvres en graisses animales et riches en éléments nutritifs recommandés.

Ci-dessus : Un régime pour arthritiques est pauvre en graisses et riches en vitamines, et devrait convenir à toute la famille. Il est plus facile de suivre votre régime s'il est adopté par toute la famille.

A droite : Des graines de courge écrasées peuvent être utilisées dans de nombreux plats pour augmenter votre ration d'acide gamma-linolénique. Ajoutez-les à la pâtisserie ou aux petits pains complets, aux salades ou plats mijotés, et risottos.

Quelques conseils simples

- Préférez l'huile d'olive ou de tournesol au beurre ou saindoux.
- Utilisez du lait de soja, de riz ou d'avoine plutôt que du lait de vache.
- Essayez le tofu ou les protéines de soja à la place de viande pour un curry bien relevé ou un ragoût.
- Réduisez votre consommation de chocolat, de gâteaux et de biscuits, au profit de fruits frais.
- Ajoutez des graines ou des noix dans vos entrées, entremets sucrés et salades.
- Augmentez votre consommation de légumes crus.
- Préférez les légumes cuits au four ou à la vapeur, plutôt que frits ou sautés.

Aménager sa cuisine

Avec l'arthrite, il y a de grandes chances que vos mains, et même le reste de votre corps, ne soient plus aussi agiles qu'autrefois. Bien que nous voulions espérer qu'un changement de régime améliore votre état, il est souhaitable de faire un tour de votre cuisine pour changer ce qui peut rendre plus facile la préparation de la nourriture.

Si vos mains sont raides ou faibles, si vous utilisez une canne, si vous trouvez difficile de rester debout longtemps, ou si vous avez de la peine à vous pencher, beaucoup de petits changements dans votre cuisine et votre équipement vous rendront la vie plus facile. Il y a également quelques gadgets spéciaux, bon marché, qui sont réellement utiles.

Placards

Si vous avez de la peine à ouvrir vos placards, enlevez les portes, laisser les étagères visibles est à la mode ou ajoutez des rideaux, plus faciles à manipuler. Retirer quelques étagères des meubles bas, pour faire de l'espace et mieux vous asseoir devant un plan de travail, ou pour loger une desserte à roulettes. Si le plan de travail est trop profond pour vous permettre d'atteindre le fond, vous pouvez ajouter un bac de rangement le long du mur. Une rampe installée sur le pourtour des meubles bas ajoute un point d'appui lors des déplacements, permet d'accrocher sa canne et un torchon. Beaucoup de personnes préfèrent cuisiner assises. Si le plan de travail est trop haut, une petite table est idéale pour s'asseoir et faire des préparatifs culinaires.

Electricité

Il existe des interrupteurs basculants et des prises mâles avec un anneau pour tous les appareils ménagers, afin de les débrancher plus facilement.

Robinets

Les robinets à levier sont plus faciles à manipuler que les robinets tournants habituels. Un dispositif à levier peut être adapté sur les robinets existants.

Cuisinières et fours micro-ondes

Un four séparé installé à hauteur d'yeux s'avère très utile pour les personnes ayant du mal à se pencher. Un four à poser combinant micro-ondes et four à convection se trouve facilement. Des appareils avec une porte à bascule sont plus faciles à utiliser pour les personnes avec des mains faibles. La solution bon marché pour un petit ménage est un petit four micro-onde et un petit four à poser. Ces équipements se branchent sur des prises normales et sont faciles d'emploi et d'entretien. Une plaque de cuisson à poser devient très chaude, aussi il faut faire attention en l'utilisant. Des appareils de cuisson à poser peuvent également être utiles. Ils permettent de bouillir, mijoter, sauter ou rôtir à table et les mets peuvent être servis directement sur l'assiette.

Dessertes

Une desserte, idéalement assez haute, est extrêmement utile dans une cuisine, à utiliser comme table d'appoint. Elle peut servir d'aide aux déplacements et sa poignée permet d'accrocher une canne. Les catalogues de vente par correspondance spécialisés pour les personnes à mobilité réduite offrent un choix de dessertes solides pour la cuisine, et à un prix raisonnable.

Ci-dessous : Une petite table est idéale pour préparer vos légumes.

Pinces, couteaux et ciseaux

Une paire de pinces à longs manches et des poignées isolantes seront utiles pour toutes sortes de tâches. Evitez les couteaux, autant que possible, car ils peuvent facilement glisser et blesser. Préférez des ciseaux. Achetez-les avec une poignée grande et confortable et avec un ressort de rappel.

Râpes, ouvre-boîtes et ouvre-couvercles

Les râpes verticales à quatre faces rendent bien des services, une moulinette est aussi bien utile. Un ouvre-boîte électrique est une solution pour des mains raides, mais un bon ouvre-boîte manuel avec un grand papillon est meilleur marché. Pour ouvrir sans peine les couvercles de bocaux, il existe plusieurs gadgets, choisissez celui qui vous convient le mieux.

Ci-dessus : Le plastique est plus légers que le métal et plus facile à manipuler.

Bols et mesures

Préférez les ustensiles légers en matière plastique. Remplacez les jattes en terre cuite, bols de mesure en verre et passoires en métal. Si vous craignez de voir glisser les récipients en plastique quand vous mélangez des ingrédients, posez les sur un torchon mouillé ou sur un tapis en mousse, qui stopperont tout mouvement.

Ci-dessus : Un support pour bouilloire soulage le poids et rend le versement plus sûr.

Bouilloires

Une bouilloire doit être légère et se remplir par son bec verseur. Testez-les avant l'achat. Il existe aussi des supports, qui vous évitent de soulever une bouilloire pleine pour verser l'eau.

Manches

Choisissez des ustensiles et des couverts à gros manches que vous tenez bien en main. Si vous ne voulez pas les changer, achetez des gros manches en plastique s'adaptant sur un manche standard. Moins élégant, mais aussi efficace, est l'usage d'un bout de tuyau en caoutchouc glissé sur un manche. On trouve aussi des manches de couvert pliables, ils se déforment dans la position la plus confortable.

Ci-dessous : Des couverts avec de gros manches sont plus faciles à tenir et à manipuler.

Pincettes magnétiques

Des pincettes magnétiques avec un levier de commande et un long manche est précieuse pour attraper des objets difficiles à atteindre. Cet accessoire se trouve dans des quincailleries et des magasins d'articles de cuisine.

Robots, mixers

De petits appareils légers sont plus pratiques que les modèles familiaux, dont le poids est généralement élevé. L'idéal est un modèle sans fil à batterie.

Ci-dessus : Un panier de cuisson vous évitera de soulever une casserole d'eau bouillante.

Casseroles

Des casseroles en acier sont géniales pour de longues cuissons mijotées, mais elles sont lourdes, même pour un cuisinier bien portant. Trouvez des casseroles de bonne qualité, plus légères et à longs manches qui doivent être bien en main et bien isolés. Les casseroles à deux poignées conviennent mieux. Choisissez des poêles à revêtement anti-adhésif, faciles à nettoyer, la cuisine requiert moins de matières grasses, ce qui est important chez les arthritiques. Un panier en inox est utile, il permet de retirer et d'égoutter les légumes sans soulever une casserole pleine d'eau bouillante qui sera vidée plus tard lorsque l'eau aura refroidi.

Soupes et entrées

Nutritives, faciles à préparer et faciles à consommer, les soupes sont excellentes pour ceux qui souffrent d'arthrite. Une seule casserole suffira pour les préparer, vous les passerez facilement à l'aide d'un simple mixer, et vous pourrez les boire dans une tasse. Essayez l'une des entrées telles que les moules vertes grillées au cumin, ou le saumon croustillant aux herbes, elles stimuleront votre consommation d'acide gamma-linolénique. Souvenez-vous que si vos mains sont raides, il sera plus facile et plus sûr pour vous de hacher les herbes, le bacon et les fruits secs, avec des ciseaux plutôt qu'avec des couteaux.

Soupe aux petits pois frais

Cette soupe est une version d'une vieille recette française. Vous pouvez utiliser des petits pois surgelés, ils contiennent beaucoup de vitamine C et ne nécessitent aucune préparation.

Pour 2 personnes:

2 c.s. d'huile
2 ou 3 échalotes, finement hachées ou 1 c.s. d'oignons secs
40 g de petits pois frais (environ 1,3 kg de petits pois frais) ou de petits pois surgelés, décongelés
475 ml d'eau
3 c.s. de crème liquide (supprimer en cas de régime)
Sel
Poivre noir moulu
Des croûtons ou du bacon grillé émietté pour le décor

1 Faites chauffer l'huile dans un plat allant au feu ou une casserole. Ajoutez les échalotes ou l'oignon et faites cuire pendant environ 3 min, en remuant de temps en temps.

2 Ajoutez les petits pois et l'eau. Couvrez la casserole, laissez frémir le mélange pendant environ 12 min si vous utilisez des petits pois surgelés, et jusqu'à 18 min si vous utilisez des gros pois ou des petits pois plus vieux, en remuant de temps en temps.

Conseil du chef
Si vos mains sont raides et douloureuses, vous pouvez mixer la soupe dans la casserole, il ne sera pas nécessaire de la passer. Le résultat ne sera pas aussi lisse mais la soupe sera tout aussi savoureuse.

3 Lorsque les petits pois sont tendres, versez-les dans le bol d'un mixer en même temps qu'un peu de liquide de cuisson et passez-les, en plusieurs fois si nécessaire, jusqu'à ce que le mélange soit lisse.

4 Passez la soupe à travers un tamis posé sur la casserole. Ajoutez la crème, si vous en utilisez, et faites réchauffer la soupe sans ramener à ébullition. Assaisonnez de sel et poivre noir fraîchement moulu, au goût, et servez chaud, garni de croûtons ou de bacon

Informations nutritionnelles

Par portion:

Energie	309 kcal/1266 kj
Lipides, totaux	17,2 g
Acides gras saturés.	4,6 g
Protéines	13,1 g
Hydrates de carbone	27,0 g
Dont sucre	11,4 g
Fibres – NSP	11,3 g
Sodium	30,6 mg

Soupe aux asperges et au crabe

La saveur subtile de cette soupe impressionnera. Les asperges sont une bonne source de vitamine E.

Pour 6 personnes :

1,3 kg d'asperges fraîches
2 c.s. d'huile d'olive
1,5 litres de bouillon végétal
2 c.s. de maïzena
3 c.s. de crème liquide, vous pouvez la supprimer si vous suivez un régime sans produits lactés
Sel
Poivre noir moulu
175 à 200 g de chair de crabe blanche, pour le décor

1 Enlevez les bases dures des asperges et coupez-les en morceaux de 2,5 cm. Vous pouvez utiliser des ciseaux si cela vous est plus facile.

2 Chauffez l'huile dans un plat allant à feu ou une casserole, à feu moyen, ajoutez les asperges et cuire 5 à 6 min, en remuant fréquemment, jusqu'à ce que les asperges soient d'un vert franc, mais elles ne doivent pas dorer.

Informations nutritionnelles

Par portion :

Energie	165 kcal/676 kj
Lipides totaux	7,2 g
Acides gras saturés	1,9 g
Protéines	13,4 g
Hydrates de carbone	12,1 g
Don sucre	1,5 g
Fibres – NSP	3,7 g
Sodium	583 mg

3 Ajoutez le bouillon et amenez à ébullition à feu vif, écumez. Laissez frémir pendant 3 à 5 min jusqu'à ce que les asperges soit tendres, mais encore croquantes. Réservez 12 à 16 pointes pour le décor. Assaisonnez de sel et poivre, couvrez, et laissez cuire pendant 15 à 20 min supplémentaires, jusqu'à ce que les asperges soient très tendres.

Conseil du chef

S'il vous est difficile de porter, vous pouvez mixor la soupe dans la casserole, Le résultat ne sera pas si lisse mais la soupe sera tout aussi savoureuse.

4 Mixez la soupe dans un mixer ou à l'aide d'un mixer plongeur. Versez à nouveau la soupe dans la casserole. Amenez une nouvelle fois à ébullition à feu moyen.

5 Mélangez la maïzena avec environ 3 c.s. d'eau froide et ajoutez à la soupe. Laissez cuire jusqu'à ce que la soupe ait épaissi puis ajoutez la crème, si vous en utilisez. Assaisonnez de sel et poivre noir.

6 Pour servir, versez la soupe dans des bols et ajoutez dans chacun une cuillère de chair de crabe et quelques pointes d'asperges réservées.

Soupe aux lentilles vertes

Cette solide soupe d'origine Nord Africaine, est riche en sélénium, un important minéral anti-oxydant.

Pour 4 personnes :

225 g de lentilles vertes
5 c.s. d'huile d'olive
3 oignons finement hachés ou
4 c.s. d'oignon sec
2 gousses d'ail finement émincées, ou 2 c.c. de purée d'ail
2 c.c. de graines de cumin écrasées
¼ de c.c. de curcuma en poudre
600 ml de bouillon végétal
Sel
Poivre noir moulu
2 c.s. de coriandre fraîche, grossièrement hachée, pour servir
Du pain chaud pour accompagner

1 Mettez les lentilles recouvertes d'eau froide dans une casserole. Amenez à ébullition et laissez bouillir pendant 10 min, égouttez.

2 Chauffez 2 c.s. d'huile dans une casserole, faites revenir 2 oignons ou 2 c.s. de flocons d'oignon sec, avec l'ail, le cumin et le curcuma, pendant 3 min, en remuant constamment.

3 Ajoutez les lentilles et le bouillon. Portez à ébullition, réduisez le feu, couvrez, laissez frémir doucement 30 min, les lentilles doivent être tendres.

4 Faites revenir le reste de l'oignon jusqu'à ce qu'il soit doré dans le reste d'huile.

5 Ecrasez légèrement les lentilles à l'aide d'un presse-purée pour rendre la soupe crémeuse. Réchauffez légèrement et assaisonnez avec sel et poivre, au goût. Versez la soupe dans des bols. Mélangez la coriandre hachée à l'oignon frit et parsemez-en la soupe, pour le décor. Servez immédiatement, accompagné de pain chaud.

Conseil du chef

S'il vous est difficile de soulever des casseroles lourdes, sortez les lentilles de l'eau à l'aide d'une écumoire ou d'une louche. Si elles sont vraiment bien cuites, il sera à peine nécessaire de les écraser.
Si vous préférez utiliser de l'oignon et de l'ail frais, vous pouvez utiliser un mixer pour les hacher. Ainsi, vous n'aurez pas besoin de les émincer.

Informations nutritionnelles

Par portion :	
Energie	320 kcal/1312 kj
Lipides totaux	15,0 g
Acides gras saturés	2 g
Protéines	15,7 g
Hydrates de carbone	32,6 g
Dont sucre	4,0 g
Fibres – NSP	5,8 g
Sodium	369 mg

Soupe espagnole à l'ail

Garnie de pain français grillé, cette soupe délicieuse et nourrissante constitue presque un repas. Servez-la pour un déjeuner d'hiver et laissez-la vous apporter un peu de soleil méditerranéen dans son merveilleux arôme.

Pour 4 personnes:

2 c.s. d'huile d'olive
4 grosses gousses d'ail, pelées
4 tranches de pain de 5 mm d'épaisseur, dans le cas d'un régime sans blé, omettez le pain, et accompagnez votre soupe d'un œuf
1 c.s. de paprika, ou si vous suivez un régime sans solanacées, du gingembre moulu
1 litre de bouillon végétal
¼ de c.c. de cumin moulu
Une pincée de filaments de safran
4 œufs
Sel
Poivre noir moulu
Du persil frais haché, pour le décor

1 Préchauffez le four à 230°C. Chauffez doucement l'huile dans une casserole. Ajoutez les gousses d'ail entières et cuisez-les jusqu'à ce qu'elles soient dorées. Retirez-les de la casserole et réservez. Faites griller le pain dans le four jusqu'à ce qu'il soit doré.

2 Ajoutez le paprika ou le gingembre moulu et faites frire quelques secondes. Ajoutez le bouillon, le cumin et le safran. Ecrasez les gousses d'ail réservées et ajoutez-les à la casserole. Assaisonnez de sel et de poivre, et laissez cuire pendant environ 5 min.

Conseil du chef

Pour éviter de surchauffer l'huile, ajoutez une c.s. d'eau lorsque vous ferez revenir l'ail. S'il vous est difficile de mettre les bols dans le four, vous pouvez, soit servir la soupe sans les œufs, accompagnée de pain et d'ail, ou aussi pocher les œufs tous en même temps dans la soupe et les transvaser ensuite dans chaque bol.

3 Versez dans 4 bols allant au four, cassez un œufs dans chacun d'eux. Posez une tranche de pain sur chaque œuf et enfournez 3 à 4 min, jusqu'à ce que les œufs aient pris. Garnissez de persil et servez.

Informations nutritionnelles

Par portion:

Energie	249 kcal/1020 kj
Lipides totaux	12,8 g
Acides gras saturés	2,7 g
Protéines	12,3 g
Hydrates de carbone	22,5 g
Dont sucre	0,8 g
Fibres – NSP	0,6 g
Sodium	668 mg

Soupe à l'oseille, aux épinards et au saumon

Voilà une excellente soupe froide, d'origine russe, parfaite pour l'été. Elle est traditionnellement faite avec du Kvas, une bière élaborée à partir de blé, de seigle et de sarrasin. Vous pourrez utiliser du cidre, le résultat n'en sera pas affecté.

Pour 4 personnes :

2 c.s. d'huile d'olive
225 g d'oseille lavée, tiges enlevées
225 g de jeunes épinards lavés, les tiges enlevées
25 g de raifort frais, râpé, ou 1 c.s. de raifort d'un bocal
750 ml de cidre
1 concombre au sel haché fin ou râpé
2 c.s. d'aneth frais, haché, plus quelques brins supplémentaires, pour le décor
225 g de saumon cuit, sans peau ni arêtes
Sel
Poivre noir moulu

1 Chauffez l'huile dans une grande casserole. Ajoutez l'oseille, les épinards et le raifort. Couvrez. Cuisez doucement 3 à 4 min jusqu'à ce que les épinards et l'oseille aient commencé à rendre leur eau de végétation.

Conseil du chef
Si vous ne trouvez pas d'oseille, vous pouvez doubler la quantité d'épinards et, avant de servir, ajoutez un peu de jus de citron. Vous pouvez remplacer le citron par du vinaigre si vous avez un régime sans agrumes.

2 Placez les feuilles cuites dans le bol d'un mixer, faites une purée lisse, ou servez vous d'un mixer plongeur. Versez dans une soupière ou un grand bol, ajoutez les concombres au sel, le cidre, et l'aneth haché.

3 Hachez le saumon en morceaux de la taille d'une bouchée. Ajoutez-les à la soupe, assaisonnez avec du sel et du poivre au goût. Mettez la soupe au frais pendant au moins 3 h avant de servir, garni d'un brin d'aneth.

Informations nutritionnelles

Par portion :	
Energie	246 kcal/1008 kj
Lipides totaux	12,6 g
Acides gras saturés	1,9 g
Protéines	14,5 g
Hydrates de carbone	6,6 g
Dont sucre	6,5 g
Fibres – NSP	2,3 g
Sodium	195 mg

Soupe à la carotte et à la coriandre

On mélange souvent carottes et coriandre dans les soupes, en effet leurs saveurs sont très complémentaires. Dans cette recette, on utilise du lait de soja, elle conviendra donc tout particulièrement à ceux qui suivent un régime sans produits lactés.

Pour 4 personnes:

450 g de carottes jeunes
3 c.s. d'huile de tournesol
1 oignon haché, ou 2 c.s. de flocons d'oignon sec
1 branche de céleri, émincée, 2 à 3 sommités vert pâle
2 petites pommes de terre ou, si vous suivez un régime sans solanacées, une patate douce pelée et coupée en cubes
1 litre de bouillon de poulet
2 à 3 c.c. de coriandre moulue
1 c.s. de coriandre fraîche hachée
200 ml de lait de soja
Sel
Poivre noir moulu

1 Nettoyez les carottes, pelez-les, si nécessaire, coupez-les en tronçons. Chauffez 2 c.s. d'huile de tournesol dans une grande casserole et faites cuire l'oignon à feu doux pendant 3 à 4 min, jusqu'à ce qu'il soit tendre.

2 Ajoutez le céleri coupé et les pommes de terre ou la patate douce dans la poêle contenant l'oignon. Cuire quelques min, ajoutez les carottes. Faites revenir les légumes à feu doux 3 à 4 min, en remuant fréquemment, couvrez la casserole. Réduisez le feu encore un peu puis laissez suer 10 min. Remuez de temps en temps de manière à ce que les légumes n'attachent pas au fond de la casserole.

Conseil du chef

Si vous avez des difficultés à vous servir de vos mains, laissez les légumes entiers et non pelés, assurez-vous seulement qu'ils soient bien lavés. Ils seront plus faciles à couper lorsqu'ils seront cuits. Vous pouvez aussi utiliser des légumes déshydratés pour réaliser cette recette.

3 Ajoutez le bouillon, amenez à ébullition, couvrez partiellement et laissez mijoter 8 à 10 min supplémentaires, jusqu'à ce que les carottes et les pommes de terre soient tendres.

4 Retirez 6 à 8 fines feuilles de céleri pour le décor, hachez les autres. Vous devrez en avoir environ 1 c.s. Chauffez le reste de l'huile et faites revenir la coriandre moulue environ 1 min, en remuant constamment.

Informations nutritionnelles

Par portion:	
Energie	182 kcal/746 kj
Lipides totaux	9,8 g
Acides gras saturés	1,3 g
Protéines	5,1 g
Hydrates de carbone	19,3 g
Dont sucre	11,1 g
Fibres – NSP	3,8 g
Sodium	515 mg

5 Réduisez le feu, ajoutez les feuilles de céleri la coriandre et faites revenir pendant environ 1 min. Réservez.

6 Passez la soupe au mixer ou avec un mixer plongeur et reversez-la dans la casserole. Ajoutez le lait de soja, le mélange de coriandre et l'assaisonnement. Faites chauffer doucement, goûtez et ajustez l'assaisonnement. Servez, garni des feuilles de céleri réservées.

Dolmas

Ce savoureux plat grec, des feuilles de vigne farcies, est devenu un classique.

Pour 24 dolmas :

28 feuilles de vigne fraîches, trempées, d'un bocal ou en boîte
2 c.s. d'huile d'olive
1 gros oignon finement haché ou 2 c.s. de flocons d'oignon sec
1 c.c. de purée d'ail
225 g de riz long grain cuit ou un mélange de riz blanc et de sauvage
Environ 3 c.s. de pignons de pin
1 c.s. d'amandes effilées
40 g de raisins secs sultanines
1 c.s. de ciboulette fraîche hachée
1 c.s. de menthe fraîche hachée
Le jus de ½ citron, ou 1 c.s. de vinaigre de vin blanc
150 ml de vin blanc
Un peu de bouillon végétal chaud
Sel
Poivre noir moulu
Quelques brins de menthe fraîche
Yaourt nature et du pain pita, à supprimer si vous suivez un régime sans produits lactés ou sans blé

1 Si vous utilisez des feuilles de vigne fraîches, faites-les cuire 2 à 3 min dans de l'eau à ébullition. Elles deviendront plus foncées après environ 1 min, laissez-les frémir 1 min encore et elles seront malléables.

2 Si vous utilisez des feuilles d'une boîte, couvrez-les d'eau bouillante, quelques minutes jusqu'à ce qu'elles se séparent facilement. Rincez-les à l'eau froide, égouttez sur du papier.

3 Chauffez l'huile dans une petite poêle, faites revenir doucement l'oignon et l'ail, 3 à 4 min, jusqu'à ce qu'ils soient translucides. Transvasez dans un grand bol, ajoutez le riz cuit.

4 Ajoutez 2 c.s. de pignons, les raisins, les amandes, la ciboulette et la menthe, le jus de citron ou le vinaigre. Assaisonnez au goût et mélangez bien.

5 Réservez 4 grandes feuilles. Disposez-en une sur le plan de travail, la surface veinée vers le haut. Mettez une cuillère de farce vers la queue de la feuille et roulez, en retournant les côtés en même temps, de manière à enfermer la farce ; recommenccz avec le reste des feuilles.

6 Tapissez le fond d'un plat allant au feu des feuilles réservées. Disposez-y les dolmas en une couche, les uns contre les autres, le coté plié dessous. Versez le vin dessus, et du bouillon jusqu'au niveau des dolmas, couvrez d'une assiette pour les empêcher de bouger pendant la cuisson, couvrez et laissez frémir doucement 30 min.

7 Transférez les dolmas sur un plat. Laissez refroidir, mettez au frais. Décorez avec les pignons restants et la menthe. Servez accompagné d'un peu de yaourt et du pain pita, si vous le désirez.

Informations nutritionnelles

Par portion	
Energie	69 kcal/282 kj
Lipides totaux	2,9 g
Acides gras saturés	0,3 g
Protéines	1,4 g
Hydrates de carbone	10,1 g
Dont sucre	1,8 g
Fibres – NSP	0,3 g
Sodium	70 mg

Moules vertes grillées au cumin

Beaucoup de personnes souffrant d'ostéoarthrite prennent des compléments alimentaires à base de moules vertes pour améliorer leur état, ainsi, ce plat ne sera pas seulement délicieux, mais il sera également excellent pour vos articulations.

Pour 4 personnes:

3 c.s. de persil frais
3 c.s. de coriandre fraîche
1 gousse d'ail écrasée
1 pincée de cumin moulu
25 g de beurre doux, ou 2 c.s. d'huile d'olive si vous suivez un régime sans beurre
25 g de chapelure de pain brun, ou 3 c.s. de chapelure de pommes de terre chips si régime
Poivre noir moulu
12 moules vertes ou 24 petites moules
Quelques feuilles de persil frais, pour garnir

1 Hachez finement les herbes. Utilisez un hachoir à large poignée ou des ciseaux, si vous trouvez cela plus facile.

2 Battez l'ail, les herbes, le cumin et le beurre ou l'huile avec une cuillère en bois, ou réduisez-les en purée dans un petit mixer ou moulin à café.

3 Ajoutez la chapelure et le poivre noir moulu.

4 Mettez soigneusement un peu du mélange précédent à l'intérieur de chaque moule et faites cuire sous un gril, à température moyenne, pendant 2 min. Servez-les sans attendre, garnies des feuilles de persil frais.

Informations nutritionnelles

Par portion	
Energie	84 kcal/344 kj
Lipides totaux	6,1 g
Acides gras saturés	3,8 g
Protéines	2,4 g
Hydrates de carbone	5,3 g
Dont sucre	0,3 g
Fibres – NSP	0,0 g
Sodium	115 mg

Filets de merlan en chapelure de polenta

Le merlan est un poisson blanc, dont la chair se sépare en feuilles après cuisson. La panure de polenta croustillante lui conservera son goût délicat.

Pour 4 personnes:

8 petits filets de merlan
Le zeste d'un citron, omettez-le si vous avez un régime sans agrumes
225 g de polenta
3 c.s. d'huile d'olive
Sel
Poivre noir moulu

Pour servir

2 c.s. d'herbes fraîches mélangées, (persil, ciboulette, cerfeuil, plus des feuilles pour décorer, des épinards cuits à la vapeur, un oignon rouge émincé, des pignons grillés

Conseil du chef
Si vous le pouvez, utilisez de la polenta précuite, la panure sera plus croustillante. Si vos mains sont raides, il vous sera peut-être plus facile d'utiliser des ciseaux pour les herbes.

1 Faites 4 petites entailles à chaque filet, pour éviter que le poisson ne s'enroule sur lui-même à la cuisson.

Informations nutritionnelles

Par portion	
Energie	435 kcal/1783 kj
Lipides totaux	10,6 g
Acides gras saturés	1,4 g
Protéines	40,6 g
Hydrates de carbone	42,4 g
Dont sucre	0,0 g
Fibres – NSP	0,0 g
Sodium	191 mg

2 Assaisonnez, et si vous utilisez du zeste de citron, parsemez-en la plupart sur le poisson.

3 Recouvrez le poisson de polenta en pressant. Mettez au frais pour 30 min.

4 Chauffez l'huile dans une poêle et frire, 3 à 4 min de chaque côté. Garnissez avec les herbes hachées, les feuilles réservées et le reste du citron. Servez, accompagné d'épinards à la vapeur, de rondelles d'oignon rouge et de pignons grillés.

Saumon relevé aux herbes

Le saumon est bien connu pour ses propriétés anti-inflammatoires. Voilà une façon inhabituelle et intéressante de présenter du saumon frais. Une simple salade verte l'accompagnera agréablement.

Pour 4 personnes:

4 darnes de saumon de 170 à 200 g
2 c.s. d'huile d'olive
3 c.s. de gingembre frais haché, ou 2 c.s. de gingembre moulu, ou 3 c.s. de purée de gingembre
6 c.s. d'oignons verts hachés
6 c.s. de coriandre fraîche hachée
50 ml de sauce de soja sauce tamari sans blé , en cas de régime sans blé, une petite quantité supplémentaire, pour servir
Sel
Poivre noir moulu
Quelques brins de coriandre

1 Amenez un peu d'eau à ébullition dans la partie inférieure d'un cuit-vapeur.

2 Assaisonnez les darnes de saumon de chaque côté avec du sel et du poivre.

Informations nutritionnelles

Par portion	
Energie	421 kcal/1726 kj
Lipides totaux	27,5 g
Acides gras saturés	4,6 g
Protéines	41,9 g
Hydrates de carbone	1,5 g
Dont sucre	0,3 g
Fibres – NSP	0,1 g
Sodium	948 mg

3 Disposez les darnes dans la partie supérieure du cuit-vapeur. Couvrez et cuire 7 à 8 min, ou jusqu'à ce qu'il soit complètement opaque.

4 Chauffez l'huile et cuire doucement le gingembre ou la poudre ou la purée de gingembre, en même temps que les oignons verts.

5 Mettez le saumon sur des assiettes chaudes. Répartissez la coriandre hachée sur les darnes de saumon. Versez par-dessus le gingembre et les oignons verts. Versez un filet de sauce de soja sur chaque darne et servez accompagné d'un petit bol de sauce de soja. Garnissez de brins de coriandre fraîche.

SALADES ET PLATS D'ACCOMPAGNEMENT

Vous trouverez dans ce chapitre une large sélection de plats légers, ils sont tous faciles à réaliser et remplis d'éléments nutritifs qui vous aideront à soulager votre arthrite. Les salades de pâtes sont nourrissantes et savoureuses, vous pourrez leur ajouter du saumon ou des graines, améliorant ainsi votre consommation d'acide gamma-linolénique et d'acide alpha-linolénique, pour vous aider à réduire l'inflammation de vos articulations. Les lentilles sont un bon choix, si vous devez réduire votre consommation de viande : essayez le riz à l'égyptienne ou le Dahl indien avec du Tadka.

Pâtes au saumon fumé, noix de coco et aneth

Le lait de coco donne une saveur exotique et inhabituelle à ce plat.

Pour 4 personnes :

350 g de pâtes genre fusilli, sans blé, si vous suivez un régime
6 grandes tiges d'aneth frais hachées et quelques brins
2 c.s. d'huile d'olive extra-vierge
1 c.s. de vinaigre de vin blanc
300 ml de crème de noix de coco
175 g de saumon fumé
Sel
Poivre noir moulu

1 Faites bouillir les pâtes, elles doivent être justes cuites. Egouttez et rincez à l'eau froide courante.

2 Faites la sauce en combinant tous les ingrédients restant dans le bol d'un mixer, à l'exception du saumon fumé, et de l'aneth réservé au décor. Pour plus de facilité, vous pouvez employer un mixer plongeur que vous uitiliserez dans un bol.

3 Découpez le saumon en petites lanières. Mettez les pâtes refroidies et le saumon fumé dans un plat de service. Versez la sauce dessus, mélangez. Garnissez de brins d'aneth.

Informations nutritionnelles

Par portion	
Energie	678 kcal/2779 kj
Lipides totaux	35,0 g
Acides gras saturés	23,8 g
Protéines	24,6 g
Hydrates de carbone	70,5 g
Dont sucre	6,3 g
Fibres – NSP	2,7 g
Sodium	632 mg

Salade de pâtes à l'avocat et à la coriandre

Pour 4 personnes :

900 ml de bouillon de poulet
225 g de pâtes papillon, sans blé, si vous suivez un régime sans blé
4 tiges de céleri finement hachées
2 avocats pelés et hachés
1 gousse d'ail pelée et hachée ou ½ c.c. de purée d'ail
50 g de cheddar affiné, râpé ; supprimez si vous suivez un régime
1 c.s. de coriandre fraîche hachée, plus quelques feuilles entières pour le décor
2 c.s. de graines de tournesol grillées

Pour la sauce

150 ml d'huile d'olive extra-vierge
1 c.s. de vinaigre de cidre
2 c.s. de jus de citron et le zeste râpé de 1 citron, si vous suivez un régime, utilisez 3 c.s. de vinaigre et omettez le zeste
1 c.c. de moutarde de Dijon
1 c.s. de coriandre fraîche hachée
Sel
Poivre noir moulu

1 Ajoutez les pâtes dans le bouillon à ébullition, laissez frémir 10 min, jusqu'à ce qu'elles soient cuites. Egouttez, laissez-les refroidir.

Informations nutritionnelles

Par portion	
Energie	303 kcal/1242 kj
Lipides totaux	13,9 g
Acides gras saturés	2,4 g
Protéines	10,2 g
Hydrates de carbone	36,5 g
Dont sucre	1,6 g
Fibres – NSP	3,7 g
Sodium	643 mg

2 Mélangez le céleri, les avocats, l'ail, le fromage et la coriandre dans un bol et ajoutez les pâtes cuites. Parsemez de graines de tournesol.

3 Pour faire la sauce, mettez tous les ingrédients dans le bol d'un mixer ou d'un moulin à café et mixez jusqu'à ce que la coriandre soit très finement hachée.
Vous pouvez aussi utiliser un mixer plongeur dans un bol et mixer soigneusement. Servez la sauce à part, ou versez-la sur la salade et remuez le tout avant de servir.
Décorez de feuilles de coriandre.

Salade niçoise au riz rouge

Le riz rouge, au goût de noisette, et à la saveur sucrée, apporte une délicieuse variante à la classique salade niçoise. Les steaks de thon, épais, rendent cette salade suffisamment nourrissante pour la transformer en un vrai repas.

Pour 6 personnes :

Environ 680 g de thon frais, en steaks de 2 cm d'épaisseur
350 g de riz de Camargue rouge
Du bouillon de poisson, de légumes ou de l'eau
450 g de haricots verts
450 g de fèves congelées et cuites ou en boîte
1 laitue
450 g de petites tomates cerise, si vous suivez un régime, supprimez-les et doublez la quantité d'olives
2 c.s. de coriandre fraîche hachée
3 œufs, cuits durs (facultatif)
175 g d'olives noires dénoyautées
Un peu d'huile d'olive

Pour la marinade

1 oignon pelé et haché gros
2 gousses d'ail pelées, ou
2 généreuses c.c. de purée d'ail
½ botte de persil frais
½ botte de coriandre fraîche
2 c.c. de paprika, supprimez-le si vous suivez un régime
3 c.s. d'huile d'olive
3 c.s. d'eau
3 c.s. de vinaigre de vin blanc
1 c.s. de jus de citron vert frais, de jus de citron, ou de vinaigre de cidre si vous suivez un régime
Sel
Poivre noir moulu

Pour la sauce

2 c.s. de jus de citron vert frais, ou de jus de citron, ou de vinaigre de cidre
1 c.c. de moutarde de Dijon
½ gousse d'ail écrasée ou
¼ de c.c. de purée d'ail (facultatif)
4 c.s. d'huile d'olive
4 c.s. d'huile de tournesol

1 Tout d'abord, faites la marinade pour les steaks de thon. Mixez tous les ingrédients pendant 30 à 40 secondes jusqu'à ce que les légumes et les herbes soient finement hachés.

2 Piquez les steaks avec une fourchette, disposez-les les uns à côté des autres dans un plat creux. Versez la marinade préparée par-dessus en retournant le poisson pour que chaque steak soit bien enrobé de marinade.

3 Couvrez le plat d'un film plastique et laissez les steaks mariner dans un endroit frais 2 à 4 heures.

Informations nutritionnelles

Par portion	
Energie	638 kcal/2615 kj
Lipides totaux	39,7 g
Acides gras saturés	27,1 g
Protéines	4,3 g
Hydrates de carbone	58 g
Dont sucre	4,8 g
Fibres – NSP	7,5 g
Sodium	937 mg

4 Cuisez le riz dans le bouillon ou l'eau, en suivant les instructions du paquet. Egouttez, laissez refroidir.

5 Pour la sauce, mélangez, le jus de citron ou le vinaigre, la moutarde et l'ail, si vous en utilisez. Emulsionnez avec les huiles, ajoutez sel et poivre, au goût, 4 c.s. de sauce au riz, versez-le dans un grand plat de service.

6 Cuisez les haricots à la vapeur jusqu'à ce qu'ils soient tendres. Mélangez-les aux fèves, au riz préparé. Jetez les feuilles extérieures de la laitue et déchirez les feuilles intérieures en morceaux. Ajoutez à la salade en même temps que les tomates et, si vous en utilisez, la coriandre. Ecalez les œufs, si vous en utilisez et coupez-les en six. Préchauffez le gril du four.

7 Disposez les steaks sur une grille. Badigeonnez-les de marinade et d'un peu d'huile d'olive. Grillez-les 3 à 4 min de chaque côté, jusqu'à ce que le poisson soit tendre et s'effeuille facilement si vous le piquez avec la pointe d'un couteau. Badigeonnez d'un peu de marinade et d'huile supplémentaire quand vous retournerez les steaks.

8 Laissez refroidir légèrement le poisson, coupez-le en gros morceaux. Ajoutez-le à la salade avec les olives et le reste de la sauce. Décorez avec les œufs avant de servir.

Variante

Ce plat peut tout aussi bien se réaliser avec des steaks d'espadon si vous ne trouvez pas de thon.

Salade d'herbes mélangées aux graines

Une salade délicieuse et légère, parsemée de graines remplies d'acide gamma-linolénique qui contient des anti-inflammatoires, utiles à ceux qui souffrent d'arthrite. C'est une salade merveilleusement simple, un parfait accompagnement à un repas riche et lourd, les herbes fraîches aident à la digestion.

Pour 4 personnes:

90 g de feuilles de salade mélangées
50 g d'herbes à salade, telles que la coriandre, le persil, le basilic et la roquette
25 g de graines de courge
25 g de graines de tournesol

Pour la sauce

4 c.s. d'huile d'olive extra-vierge
1 c.s. de vinaigre balsamique
½ c.c. de moutarde de Dijon
Sel
Poivre noir moulu

1 Pour la sauce, battez les ingrédients à l'aide d'une fourchette dans un petit bol, ou mettez les ingrédients dans un bocal et remuez jusqu'à ce que le tout soit bien mélangé.

Atouts santé
Le persil frais contient une grande quantité de vitamine C et de fer.
Les graines de tournesol et de courge renferment une quantité non négligeable de vitamines et de sels minéraux, en particulier le fer, le zinc et la vitamine E. Très calorique, il ne faut pas en abuser

2 Mettez les salades et les herbes dans un grand saladier.

3 Grillez les graines à sec, dans une grande poêle à feu moyen, ou au gril environ 2 min, jusqu'à ce qu'elles soient dorées, en remuant fréquemment pour éviter qu'elles ne brûlent. Laissez-les refroidir légèrement avant d'en parsemer la salade.

4 Versez la sauce sur la salade et remuez avec vos mains jusqu'à ce que les feuilles en soient bien recouvertes, puis servez.

Conseil du chef
Le vinaigre balsamique ajoute un goût très intensément sucré et riche à la sauce, mais si vous n'en trouvez pas, du vinaigre de vin blanc ou rouge pourrait le remplacer.

Informations nutritionnelles

Par portion	
Energie	178 kcal/729 kj
Lipides totaux	17,0 g
Acides gras saturés	2,3 g
Protéines	3,3 g
Hydrates de carbone	2,8 g
Dont sucre	0,8 g
Fibres – NSP	1,5 g
Sodium	6,1 mg

Fenouil rôti en croûte de chapelure

La saveur délicatement anisée du fenouil rôti s'accorde bien avec des tomates. Servez-le accompagné de ratatouille, ou si vous suivez un régime sans solanacées, accompagné de risotto. Le fenouil contient du béta-carotène, que le corps transforme en vitamine A.

Pour 4 personnes :

3 bulbes de fenouil en quartiers coupés dans le sens de la longueur
2 c.s. d'huile d'olive
1 gousse d'ail hachée ou
1 c.c. de purée d'ail
50 g de chapelure de pain complet rassis, 2 petits paquets de chips écrasés si vous suivez un régime
2 c.s. de persil plat haché
Sel
Poivre noir moulu
Quelques sommités de fenouil pour garnir (facultatif)

Conseil du chef
S'il vous est difficile d'utiliser vos mains, faites cuire le fenouil entier dans l'eau bouillante, retirez-le avec une écumoire et découpez-le en quartiers ensuite, ce sera plus facile.

1 Faites cuire le fenouil dans une casserole d'eau bouillante salée pendant 10 min ou jusqu'à ce qu'il soit juste tendre.

2 Disposez le fenouil égoutté dans un plat à rôtir ou une lèchefrite, puis, badigeonnez-le légèrement avec la moitié de l'huile d'olive. Pendant ce temps, préchauffez le four à 190°C.

3 Dans un grand saladier, mélangez l'ail, la chapelure ou les chips écrasées, et le persil avec le reste de l'huile d'olive. Parsemez le tout sur le fenouil, assaisonnez bien de sel et de poivre.

4 Mettez 30 min au four jusqu'à ce que la croûte formée sur le dessus soit croustillante. Servez chaud, garni de quelques sommités de fenouil.

Informations nutritionnelles

Par portion	
Energie	120 kcal/492 kj
Lipides totaux	6,1 g
Acides gras saturés	0,8 g
Protéines	3,4 g
Hydrates de carbone	13,7 g
Dont sucre	9,5 g
Fibres – NSP	5,6 g
Sodium	119 mg

Le millet des charretiers

Ce plat était à l'origine confectionné sur un feu de camp par les charretiers qui voyageaient à travers les steppes du sud de l'Ukraine. C'est un plat agréablement nourrissant pour un jour bien froid.

Pour 4 personnes:

225 g de millet
600 ml de bouillon végétal
115 g de lardons ou de lard fumé, la couenne enlevée, haché
1 c.s. d'huile d'olive
1 petit oignon haché ou
1 ½ c.c. de flocons d'oignon sec
225 g de champignons de couche émincés ou hachés
1 c.s. de menthe fraîche hachée
Sel
Poivre noir moulu

1 Rincez le millet à l'eau froide courante. Mettez-le dans une casserole avec le bouillon, amenez à ébullition et laissez frémir, couvert, 30 min, jusqu'à ce que le bouillon ait été absorbé.

2 Cuisez le lard ou les lardons à sec, dans une poêle, 5 min, ou jusqu'à ce qu'il soit doré et croustillant. Retirez de la poêle et réservez.

3 Ajoutez l'huile et laissez cuire l'oignon et les champignons 10 min, ils doivent commencer à dorer.

4 Ajoutez les lardons grillés, l'oignon et les champignons et la menthe à la casserole de millet, assaisonnez de sel et de poivre. Chauffez doucement pendant 1 à 2 min avant de servir.

Conseil du chef

Il serait préférable de cuire le millet dans une mijoteuse ou une poêle électrique et ajouter les autres ingrédients quand ils sont prêts. Vous pourriez ainsi servir le plat directement sur la table. Si vous ne pouvez vous procurer facilement de la menthe fraîche, utilisez du persil plat, ou de la coriandre fraîche. Hachez le lard avec des ciseaux, si vous trouvez que c'est plus facile ainsi.

Informations nutritionnelles

Par portion	
Energie	332 kcal/1361 kj
Lipides totaux	10,9 g
Acides gras saturés	2,8 g
Protéines	10,6 g
Hydrates de carbone	46,0 g
Dont sucre	0,5 g
Fibres – NSP	1,1 g
Sodium	738 mg

Riz aux lentilles à l'égyptienne

Ce plat simple est très nourrissant. Il peut être servi comme accompagnement d'un plat principal, mais il peut également constituer un repas à lui seul.

Pour 6 personnes:

350 g de grosses lentilles brunes, trempées une nuit dans de l'eau
2 gros oignons ou 4 c.s. d'oignon sec
3 c.s. d'huile d'olive
1 c.s. de cumin moulu
½ c.c. de cannelle moulue
225 g de riz longs grains
Sel
Poivre noir moulu
Du persil plat pour le décor

1 Egouttez les lentilles et mettez-les dans une cocotte avec de l'eau froide. Celle-ci doit dépasser les lentilles de 5 cm.

2 Amenez l'eau à ébullition et laissez frémir de 40 min à 1 h 1/2, ou jusqu'à ce que les lentilles soient tendres. Egouttez-les.

3 Emincez très finement l'un des oignons. Hachez l'autre oignon. Faites chauffer 1 c.s. d'huile d'olive dans une casserole, ajoutez l'oignon haché et faites revenir jusqu'à ce qu'il soit tendre.

4 Ajoutez les lentilles égouttées dans la casserole. Assaisonnez de sel et poivre, cumin et cannelle.

5 Mesurez le volume de riz et ajoutez-le, avec son même volume d'eau au mélange de lentilles. Couvrez et laissez frémir environ 20 min, jusqu'à ce que le riz soit tendre.

6 Faites chauffer le reste de l'huile d'olive dans une poêle, faites revenir les oignons émincés jusqu'à ce qu'ils soient bien dorés.

Conseil du chef

Si vous avez des difficultés pour émincer l'oignon, vous pouvez hacher ensemble les deux oignons. Faites cuire les oignons hachés dans une mijoteuse de table, ajoutez le riz et les lentilles. Vous pourrez servir directement le plat sur la table.

7 Versez le mélange de riz et de lentilles dans un plat de service et parsemez les oignons frits par-dessus. Décorez de persil plat. Ce plat peut être servi chaud ou froid.

Informations nutritionnelles

Par portion	
Energie	380 kcal/1558 kj
Lipides totaux	8,0 g
Acides gras saturés	1,2 g
Protéines	17,4 g
Hydrates de carbone	63,8 g
Dont sucre	2,9 g
Fibres – NSP	5,9 g
Sodium	9,7 mg

Dahl avec du tadka

Servez ce plat Indien très aromatique accompagné de pain Naan ou de pain sans blé si vous le préférez, vous pourrez ainsi profiter de sa sauce délicieuse.

Pour 4 personnes :

3 c.s. d'huile d'olive
2 c.c. de graines de moutarde noire
1 oignon finement haché ou
2 c.c. d'oignon sec
2 gousses d'ail finement hachées, ou 2 c.c. de purée d'ail
1 c.c. de curcuma en poudre
1 c.c. de cumin en poudre
2 piments verts frais épépinés et finement hachés, un morceau de 50 g de racine de gingembre, pelé et finement haché ou 2 c.c. de gingembre en poudre si vous suivez un régime
225 g de lentilles roses
300 ml de lait de coco en boîte
1 part de tadka (conseil du chef)
Quelques brins de coriandre fraîche pour le décor

1 Chauffez l'huile dans une grande casserole ou une grande poêle. Ajoutez les graines de moutarde. Lorsqu'elles commencent à éclater, ajoutez l'oignon et l'ail et laissez cuire 5 à 10 min jusqu'à ce que le tout soit tendre.

Variante

Ce plat est aussi excellent avec des pois cassés jaunes, comme les lentilles, ils ne conservent pas leur forme après cuisson et sont parfaits pour ce plat.

Informations nutritionnelles

Par portion	
Energie	258 kcal/1057 kj
Lipides totaux	6,5 g
Acides gras saturés	1,0 g
Protéines	14,0 g
Hydrates de carbone	38,3 g
Dont sucre	7,1 g
Fibres – NSP	3,3 g
Sodium	103,8 mg

2 Ajoutez curcuma, cumin, piments ou gingembre, cuire 2 min. Ajoutez les lentilles, un litre d'eau, le lait de coco, amenez à ébullition.

3 Couvrez et laissez frémir environ 40 min, ajoutez de l'eau, si nécessaire. Les lentilles devraient être tendres et avoir absorbé presque tout le liquide. Transférez le dhal dans un plat de service et gardez au chaud.

4 Suivez le conseil du chef pour préparer le tadka, puis versez-le sur le dhal. Garnissez de brins de coriandre et servez immédiatement.

Conseil du chef

Le tadka est un mélange d'épices et d'assaisonnements, frits dans l'huile de moutarde pour développer leurs saveurs. Ce condiment est ensuite ajouté à des plats indiens tels que le dhal ou des légumes.

4 c.s. d'huile de moutarde
3 à 4 c.s. de graines de cumin
1 petit oignon finement haché
4 c.s. de coriandre fraîche hachée

1. Chauffez l'huile de moutarde, elle doit juste commencer à fumer, éteignez le feu et laissez l'huile refroidir brièvement.
2. Chauffez l'huile à nouveau et faites frire les graines de cumin jusqu'à ce qu'elles changent de couleur. Ajoutez l'oignon et laissez cuire jusqu'à ce qu'il soit doré.
3. Ajoutez la coriandre et mélangez pendant quelques secondes, puis versez le mélange sur le dhal.

Purée de patates douces à l'ail

Les patates douces à la chair de couleur orangée sont délicieuses écrasées avec de l'huile d'olive à l'ail ou de l'huile de noix. Elles sont également remplies de vitamines et ne font pas partie de la famille des pommes de terre, elles sont donc parfaites si vous suivez un régime sans solanacées.

Pour 4 personnes:

4 grosses patates douces pelées, (poids total de 900 g), en cubes
3 c.s. d'huile d'olive, d'huile parfumée à l'ail ou d'huile de noix
3 gousses d'ail écrasées ou
2 c.c. de purée d'ail
Sel
Poivre noir moulu

1 Mettez les patates douces dans de l'eau bouillante et cuire environ 15 min ou jusqu'à ce qu'elles soient tendres. Faites-les cuire dans une cuit-vapeur si cela vous est plus facile.

2 Faites chauffer l'huile dans une casserole, puis faites sauter l'ail à feu doux pendant 1 à 2 min jusqu'à ce qu'il soit légèrement doré, tout en remuant pour éviter qu'il ne brûle.

3 Versez l'ail sur les patates douces et assaisonnez de sel et de beaucoup de poivre noir. Ecrasez en purée, elle doit être lisse et crémeuse. Servez sans attendre pendant que les patates douces sont brûlantes.

Informations nutritionnelles

Par portion	
Energie	269 kcal/1102 kj
Lipides totaux	8,9 g
Acides gras saturés	1,4 g
Protéines	2,7 g
Hydrates de carbone	17,9 g
Dont sucre	12,8 g
Fibres – NSP	5,4 g
Sodium	90,0 mg

Conseil du chef

Les patates douces ont une peau dure, elles doivent donc être pelées. Si vous trouvez cela difficile, faites les cuire d'abord et pelez-les ensuite cela vous sera plus aisé. Si elles vous semblent sèches lorsque vous les écrasez, ajoutez un peu de lait. S'il vous est difficile de les écraser à la main, utilisez un mixer plongeur.

Poireaux tièdes en vinaigrette

Utilisez de jeunes et tendres poireaux pour cette recette si vous pouvez en trouver, et sauf si vous devez suivre un régime sans blé, savourez la vinaigrette avec de gros morceaux de pain bien croustillant.

Pour 6 personnes:

12 petits poireaux (environ 1,3 kg)
2 œufs, cuits durs
1 c.s. de moutarde de Dijon
2 c.s. de jus de citron ou de vinaigre de vin blanc si vous suivez un régime
6 c.s. d'huile de tournesol
6 c.s. d'huile d'olive extra-vierge, un peu plus, si nécessaire
Sel
Poivre noir moulu
1 à 2 c.s. de ciboulette hachée

1 Retirez les feuilles extérieures dures des poireaux, puis coupez-les tous environ de la même longueur, retirez les extrémités vert foncé.

2 Découpez la partie blanche en en laissant suffisamment pour que les poireaux restent entiers. Coupez la partie verte en deux dans le sens de la longueur, rincez sous l'eau courante.

3 Disposez les poireaux à plat dans une grande poêle, recouvrez-les juste d'eau, ajoutez un peu de sel. Cuire à feu moyen 7 à 10 min, ils doivent être justes tendres. Retirez-les délicatement à l'aide d'une écumoire, disposez-les sur une serviette et pressez-les doucement pour en extraire autant de liquide que possible.

4 Dans un bol, écrasez les jaunes d'œufs et la moutarde pour obtenir une pâte lisse. Assaisonnez, ajoutez le jus de citron ou le vinaigre, en remuant pour que le tout soit homogène. Incorporez doucement l'huile de tournesol, puis l'huile d'olive pour obtenir une vinaigrette épaisse et crémeuse. Vous pouvez également réaliser cette vinaigrette dans un mixer, ou dans un bol avec un mixer plongeur.

5 Disposez les poireaux dans un plat de service et versez la vinaigrette par-dessus pendant que les poireaux sont encore chauds. Hachez les blancs d'œufs et parsemez-en les poireaux, puis parsemez le tout de la ciboulette hachée et servez chaud ou à température ambiante.

Informations nutritionnelles

Par portion	
Energie	272 kcal/1115 kj
Lipides totaux	25,1 g
Acides gras saturés	3,6 g
Protéines	5,8 g
Hydrates de carbones	6,2 g
Dont sucre	4,7 g
Fibres – NSP	4,7 g
Sodium	30,9 mg

Chou rouge braisé

Ce plat est d'un rouge profond merveilleux, il a un goût à la fois riche et doux.

Pour 8 personnes :

2 c.s. d'huile d'olive
2 oignons moyens en tranches épaisses ou hachés ou
3 c.s. d'oignon sec
2 pommes pelées, épépinées finement tranchées, s'il vous est difficile de peler les pommes, laissez les peaux et hachez-les grossièrement.
1 tête de chou rouge (environ 900 g à 1,2 kg) nettoyé, la partie dure retirée et finement émincé
4 c.s. de vinaigre de vin rouge
2 c.s. de sucre
¼ de c.c. de clous de girofle moulus
1 ou 2 c.c. de graines de moutarde
50 g de raisins ou de cassis secs
120 ml de vin rouge ou d'eau
1 ou 2 c.s. de gelée de groseilles (facultatif)
Sel
Poivre noir moulu

1 Chauffer l'huile à feu moyen. Ajoutez les oignons et cuire 7 à 10 min jusqu'à ce qu'ils soient dorés.

Conseil du chef
Si vous trouvez le chou trop difficile à couper, utilisez un couteau à double extrémités de manière à ce que vous puissiez presser les deux côtés en même temps, coupez-le sur un vieux torchon de cuisine pour éviter qu'il ne glisse. Vous pouvez cuire ce plat directement dans une mijoteuse de service.

2 Ajoutez les pommes et cuire, en remuant constamment, 2 à 3 min, jusqu'à ce qu'elles soient tendres.

Informations nutritionnelles

Par portion	
Energie	101 kcal/414 kj
Lipides totaux	3,1 g
Acides gras saturés	0,2 g
Protéines	1,8 g
Hydrates de carbones	17,6 g
Dont sucre	16,7 g
Fibres – NSP	3,8 g
Sodium	15,6 mg

3 Ajoutez le chou, le vinaigre, les clous de girofle, le sucre, les graines de moutarde, les raisins ou les cassis, le vin ou l'eau, le sel, le poivre, remuez, jusqu'à ce que le tout soit bien mélangé. Amenez à ébullition, en remuant, de temps en temps.

4 Couvrez la casserole et laissez cuire à feu moyen, 35 à 40 min, le chou doit être tendre et le liquide de cuisson doit être à peu près absorbé, remuez de temps en temps. Ajoutez un peu plus de vin ou d'eau si nécessaire. Juste avant de servir, ajoutez la gelée de groseilles, si vous en utilisez, pour sucrer et glacer le chou.

Brocoli et chou-fleur au cidre

La sauce de cette recette agrémentera agréablement la saveur des légumes cuits à la vapeur. Accompagné de riz, vous en ferez un simple plat végétarien.

Pour 4 personnes:

2 c.s. d'huile d'olive
1 gros oignon haché ou
2 c.s. d'oignon sec
2 grosses carottes hachées
1 grosse gousse d'ail ou
½ c.c. de purée d'ail
1 c.s. de graines d'aneth
4 gros brins de menthe
2 c.s. de farine ordinaire, de la fécule de pommes de terre ou de la maïzena si vous suivez un régime
300 ml de cidre
2 c.s. de sauce soja, du tamari si vous suivez un régime,
2 c.c. de gelée de menthe
450 g de fleurettes de brocoli
450 g de fleurettes de chou-fleur

1 Faites sauter l'oignon, les carottes, l'ail, l'aneth et les feuilles de menthe à feu moyen dans l'huile jusqu'à ce que les légumes soient presque cuits.

2 Pendant ce temps, cuisez les fleurettes de brocoli et de chou-fleur à la vapeur 10 min ou jusqu'à ce qu'elles soient tendres, transférez-les dans un grand saladier de service. Gardez les fleurettes de brocoli et de chou-fleur au chaud pendant que vous finissez de confectionner la sauce.

3 Ajoutez la farine, puis le cidre et laissez mijoter jusqu'à ce que la sauce soit brillante.

4 Versez les légumes dans le bol d'un mixer. Ajoutez la sauce soja ou le tamari, et la gelée de menthe, mixez bien pour obtenir une purée fine. Si vous le désirez, remettez la sauce dans la casserole et réchauffez doucement. Versez la sauce chaude sur les fleurettes de brocoli et de chou-fleur, servez immédiatement.

Conseil du chef

Si vous avez des difficultés à couper les légumes pour la sauce, vous pouvez les cuire entiers. Ils seront beaucoup plus faciles à couper une fois cuits. Le tamari est un type de sauce soja qui ne contient pas de blé. Il vous sera peut-être plus facile de passer les légumes de la sauce directement dans la casserole à l'aide d'un mixer plongeur. Essayez d'ajouter des graines de tournesol ou de courge à ce plat. Elles contiennent de l'acide gamma-linolénique dont on a démontré l'action anti-inflammatoire.

Informations nutritionnelles

Par portion	
Energie	182 kcal/756 kj
Lipides totaux	7,7 g
Acides gras saturés	1,3 g
Protéines	9,9 g
Hydrates de carbone	13,8 g
Dont sucre	11,4 g
Fibres – NSP	6,5 g
Sodium	38,1 mg

Harengs marinés

Les harengs sont des poissons gras, remplis d'éléments nutritifs dont l'action anti-inflammatoire est prouvée.

Pour 4 personnes :

4 harengs
120 ml de vinaigre de vin blanc
2 c.c. de sel
12 grains de poivre noir
2 feuilles de laurier
4 clous de girofle entiers
2 petits oignons, en tranches ou
1 grosse c.c. d'oignon sec
Quelques feuilles de laurier pour garnir

Pour la sauce :

1 c.c. de moutarde à gros grains
3 c.s. d'huile d'olive
1 c.s. de vinaigre de vin blanc
Sel
Poivre noir moulu

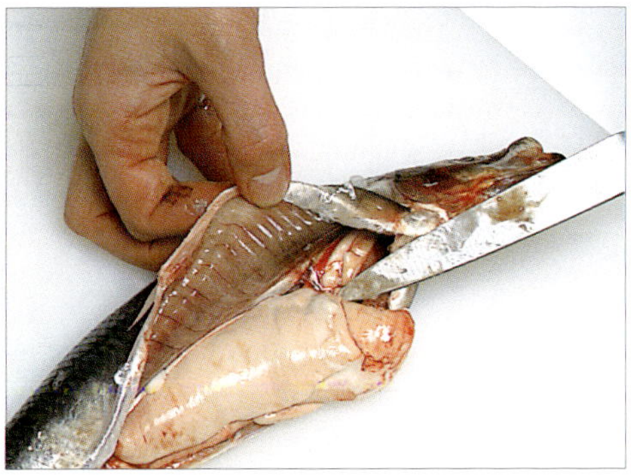

1 Préchauffez le four à 160°C. Nettoyez et enlevez les arêtes du poisson, si nécessaire et utilisez un couteau bien aiguisé pour découper le poisson en filets.

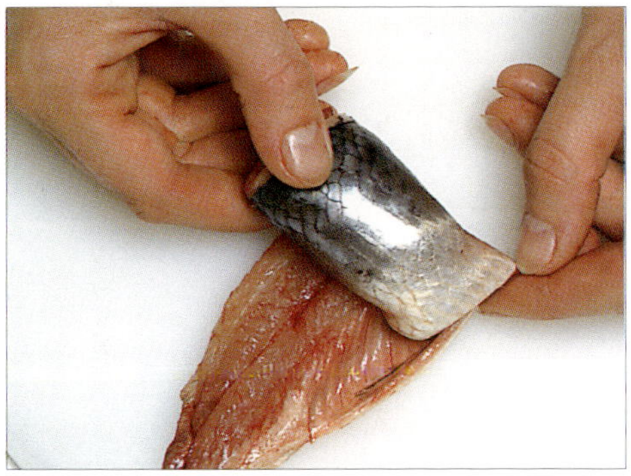

2 Roulez les filets sur eux-mêmes bien serrés, placez-les en une couche dans un plat de manière à ce qu'ils ne puissent se défaire.

3 Versez le vinaigre par-dessus, ajoutez assez d'eau, les recouvrir.

4 Ajoutez le sel, les épices et les oignons, cuire 1 heure. Laissez les harengs refroidir dans le liquide de cuisson. Pour la sauce, battez tous les ingrédients à l'aide d'une fourchette dans un petit bol, ou dans un bocal fermé que vous agitez jusqu'à ce que le tout soit émulsionné. Garnissez le poisson de feuilles de laurier et servez, accompagné de la sauce.

Informations nutritionnelles

Par portion	
Energie	420 kcal/1722 kj
Lipides totaux	31,4 g
Acides gras saturés	6,9 g
Protéines	31,6 g
Hydrates de carbones	2,9 g
Dont sucre	2,1 g
Fibres – NSP	0,5 g
Sodium	211 mg

Conseil du chef

Vous pouvez acheter le hareng déjà désarêté et nettoyé, de manière à rendre ce plat facile à préparer.
Vous pouvez aussi disposer le poisson allongé dans le plat s'il vous est difficile de le manipuler.

Viandes et poissons

Les poissons gras, tels que le saumon, le maquereau et les sardines, contiennent des éléments nutritifs bénéfiques qui peuvent réduire l'inflammation des articulations, enflées par l'arthrite. Dans ce chapitre, vous trouverez beaucoup de recettes utilisant du poisson gras. Vous pouvez également essayer un plat de viande, moins riche en gras, tel que le « Poulet aux Mangetouts et au gingembre », ou les « Patates douces glacées au Bacon ». Pour ceux qui suivent un régime spécial, toutes les recettes peuvent être adaptées de manière à éviter les aliments qui, en général, provoquent l'arthrite.

Darnes de saumon à l'oseille

Dans la cuisine française, on associe souvent le saumon et quelques feuilles fraîches d'oseille, sa saveur acide équilibre la richesse du poisson. Si vous ne pouvez pas vous procurer de l'oseille, remplacez-la par du cresson haché.

Pour 2 personnes :

2 darnes de saumon (250 g chaque)
2 c.s. d'huile d'olive
2 échalotes finement hachées ou 1 c.s. d'oignon sec
3 c.s. de crème liquide, crème de soja si vous suivez un régime
90 g de feuilles d'oseille fraîches, lavées et séchées
Sel
Poivre noir moulu
De la sauge fraîche en garniture

1 Assaisonnez les darnes de sel et poivre noir fraîchement moulu. Dans une grande casserole, chauffez la moitié de l'huile à feu moyen. Ajoutez les échalotes hachées ou l'oignon sec et faites revenir 3 à 4 min, remuez fréquemment.

Informations nutritionnelles

Par portion	
Energie	646 kcal/2771 kj
Lipides totaux	47,7 g
Acides gras saturés	11,9 g
Protéines	52,4 g
Hydrates de carbone	1,8 g
Dont sucre	1,8 g
Fibres – NSP	1,1 g
Sodium	185 mg

2 Ajoutez la crème et l'oseille et cuire 3 à 4 min, jusqu'à ce que l'oseille ait complètement rendu son eau, en remuant constamment.

3 Pendant ce temps, badigeonnez d'huile une poêle non adhésive. Mettez la poêle à feu moyen, jusqu'à ce que l'huile soit chaude.

4 Ajoutez les darnes dans la poêle et cuire pendant 5 min, en les retournant une fois, jusqu'à ce que la chair soit opaque près de l'arête. Si vous n'en êtes pas sûr, transpercez les darnes de la pointe d'un couteau, si le jus qui sort est clair, le poisson est cuit.

5 Disposez les darnes sur deux assiettes chaudes, garnissez de sauge et servez, accompagné de sauce à l'oseille.

Conseil du chef

Si vos mains sont faibles, il vous sera peut-être plus facile de cuire le saumon dans un micro-ondes pendant 4 à 5 min, dans un plat bien recouvert, ou suivant les instructions du fabricant.

Maquereau grillé aux lentilles roses épicées

Un poisson gras, tel que le maquereau est souvent accompagné de quelque chose d'acide. Dans cette recette ils seront servis accompagnés de lentilles parfumées au tamarin.

Pour 4 personnes:

250 g de lentilles roses ou de pois cassés jaunes (trempés une nuit)
1 litre d'eau
2 c.s. d'huile de tournesol
½ c.c. de graines de moutarde, de fenouil, et de fenugrec
1 c.c. de curcuma moulu
3 ou 4 piments forts rouges écrasés vous pouvez ne pas les utiliser si vous suivez un régime
2 c.s. de pâte de tamarin
1 c.c. de sucre semoule brun
2 c.s. de coriandre fraîche hachée
4 maquereaux ou
8 sardines fraîches nettoyés
De la coriandre fraîche hachée et des lamelles de piment rouge
Des chapatis pour servir

1 Rincez les lentilles ou les pois cassés, égouttez-les et mettez-les dans une casserole. Ajoutez l'eau, portez à ébullition, réduisez le feu, couvrez partiellement et laissez frémir 30 à 40 min, remuez de temps en temps, jusqu'à ce que les légumes soient tendres.

Conseil du chef

Si vous avez des difficultés à soulever des casseroles lourdes, retirez les légumes secs de leur liquide de cuisson à l'aide d'une écumoire. Videz la casserole lorsque l'eau est froide, c'est beaucoup moins dangereux.

2 Ajoutez les graines de moutarde dans l'huile chaude, cuire quelques secondes, quand elles commencent a éclater, ajoutez les graines restantes, le curcuma, les piments et faites revenir encore quelques secondes.

3 Ajoutez les légumes et assaisonnez. Mélangez, ajoutez le tamarin, le sucre, portez à ébullition, laissez mijoter 10 min. Ajoutez la coriandre.

Informations nutritionnelles

Par portion	
Energie	688 kcals/2820 kj
Lipides totaux	38,1 g
Acides gras saturés	7,3 g
Protéines	53,0 g
Hydrates de carbone	35,1 g
Dont sucre	1,5 g
Fibres – NSP	3,0 g
Sodium	138,5 mg

4 Chauffez le gril très chaud. Faites six entailles en diagonale de chaque côté des poissons.

5 Grillez le poisson 5-7 min par côté, jusqu'à ce que la peau boursoufle et soit croustillante. Mettez chaque poisson sur une assiette avec les lentilles et garnissez de coriandre et de piments, si vous en utilisez. Si vous le désirez, servez accompagné de chapatis, sans blé si nécessaire.

Rouleaux de risotto à la truite et jambon

Voilà un plat de dîner imaginatif et qui impressionnera sûrement vos convives.

Pour 4 personnes:

4 filets de truite sans la peau
4 tranches de jambon de Parme
Quelques câpres pour garnir

Pour le risotto

2 c.s. d'huile d'olive
8 grosses crevettes crues pelées
1 oignon haché
225 g de riz à risotto
Environ 7 c.s. de vin blanc
Environ 750 ml de bouillon de poisson ou de poulet frémissant
15 g de champignons secs (bolets ou chanterelles) trempés 10 min dans de l'eau chaude
Sel
Poivre noir moulu

1 Chauffez l'huile dans une poêle profonde ou une mijoteuse, et faites revenir les crevettes très brièvement, jusqu'à ce qu'elles commencent à rosir. Retirez-les avec d'une écumoire et transférez-les sur une assiette.

2 Ajoutez l'oignon haché à l'huile restant dans la poêle et faites revenir à feu doux pendant 3 à 4 min, jusqu'à ce qu'il soit tendre.

Conseil du chef

Si vous trouvez qu'il est trop difficile de rouler le poisson, disposez-le avec le jambon de Prame sur le risotto, arrosez de vin, couvrez bien, et mettez au four pendant 15 min. Décorez de câpres et servez.

3 Ajoutez le riz dans la poêle et mélangez pendant 3 à 4 min, jusqu'à ce que les grains soient bien enrobés d'huile. Ajoutez 5 c.s. de vin puis le bouillon, petit à petit, en remuant à feu doux, pour permettre au riz d'absorber le liquide avant d'en ajouter encore.

4 Egouttez les champignons, réservez le liquide de trempage, coupez les plus gros en deux. Vers la fin de la cuisson, ajoutez les champignons dans le risotto en même temps que 1 c.s. du liquide de trempage des champignons réservé. Assaisonnez au goût avec du sel et du poivre.

Informations nutritionnelles

Par portion	
Energie	513 kcal/2103 kj
Lipides totaux	15,8 g
Acides gras saturés	6,3 g
Protéines	41,5 g
Hydrates de carbone	45,8 g
Dont sucre	2,3 g
Fibres – NSP	7,3 g
Sodium	842 mg

5 Retirez la poêle du feu et ajoutez les crevettes. Préchauffez le four à 190°C.

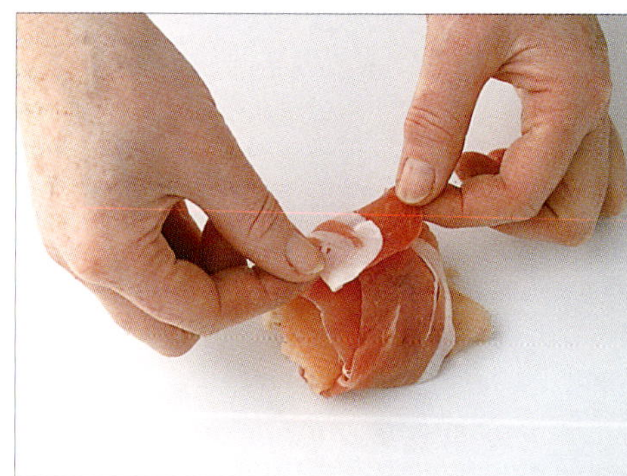

6 Disposez une cuillère de risotto à un bout chaque filet de truite, roulez-le sur lui-même. Enveloppez d'une tranche de jambon et disposez les rouleaux dans un plat à four graissé.

7 Répartissez le risotto restant autour des filets de poisson, arrosez du reste du vin. Recouvrez de papier aluminium pas trop serré et mettez au four 15 à 20 min jusqu'à ce que le poisson soit tendre. Versez le risotto sur un plat, recouvrez des rouleaux de truite, garnissez de câpres. Sauf si vous suivez un régime, du pain complet accompagne agréablement ce plat.

Thon et haricots à la toscane

Un mélange italien classique, savoureux, nourrissant et sain. Il est rapide à préparer, si vous manquez de temps.

Pour 4 personnes :

1 oignon rouge ou
6 oignons verts nettoyés
2 c.s. de moutarde de Dijon
300 ml d'huile d'olive
4 c.s. de vinaigre de vin blanc
2 c.s. de persil frais haché
2 c.s. de ciboulette fraîche hachée
2 c.s. d'estragon ou de cerfeuil frais haché
1 boîte de 400 g de haricots rouges
1 boîte de 400 g de haricots blancs
225 g de thon à l'huile égoutté et légèrement effeuillé
Du persil et de la ciboulette pour garnir

1 Hachez finement l'oignon rouge, ou les oignons verts.

Conseil du chef
Si vous avez des problèmes avec vos mains, il est beaucoup plus facile de hacher des herbes avec des ciseaux qu'avec un couteau.

2 Dans un bol, battez ensemble la moutarde, l'huile, le persil, la ciboulette et l'estragon ou le cerfeuil. Egouttez les haricots rouges et blancs.

3 Dans un grand bol, mélangez l'oignon rouge ou vert, les haricots, le thon effeuillé et la sauce. Mélangez bien et servez, garni du persil réservé et de ciboulette entière.

Informations nutritionnelles

Par portion	
Energie	774 kcals/3173 kj
Lipides totaux	56,8 g
Acides gras saturés	8,2 g
Protéines	29,7 g
Hydrates de carbone	38,6 g
Dont sucre	7,0 g
Fibres – NSP	12,8 g
Sodium	790 mg

Sardines farcies

Ce plat, d'inspiration moyen orientale, vous demandera un peu de préparation, mais c'est un repas à lui seul. Servez-le accompagné d'une salade verte croquante, assaisonnée de vinaigrette bien fraîche. Ainsi il sera complet.

Pour 4 personnes:

2 c.s. d'huile d'olive
75 g de chapelure de pain complet,
2 petits paquets de chips de pommes de terre écrasés, si vous suivez un régime
50 g de raisins secs
50 g de pignons
1 oignon, finement haché ou
1 c.s. d'oignon sec
50 g de filets d'anchois égouttés
4 c.s. de persil frais haché
900 g de sardines fraîches
Sel
Poivre noir moulu

1 Préchauffez le four à 200°C. Chauffez l'huile dans une grande poêle et faites revenir la chapelure qui doit devenir croustillante et dorée.

2 Ajoutez les raisins, les pignons, l'oignon, les anchois, le persil et l'assaisonnement au contenu de la poêle, mélangez bien. Si vous utilisez des chips, mélangez tous les ingrédients de la farce dans un saladier.

Conseil du chef
S'il vous est difficile de farcir les sardines, vous pouvez les disposer sur le plat allant au four, et répartir la farce par-dessus.

3 Farcissez chaque sardine du mélange préparé. Refermez bien les poissons et disposez-les dans un plat creux allant au four, elles doivent être serrées les unes contre les autres.

4 Répartissez le reste de la farce sur le dessus, mettez au four 30 min. Essayez de les servir sur un lit de feuilles de salade, et passer des quartiers de citron, sauf si vous suivez un régime. Dans ce cas arrosez le plat de quelques gouttes de vinaigre de cidre.

Informations nutritionnelles

Par portion	
Energie	655 kcal/2685 kj
Lipides totaux	37,7 g
Acides gras saturés	7,4 g
Protéines	54,2 g
Hydrates de carbone	26,6 g
Dont sucre	11,7 g
Fibres – NSP	1,4 g
Sodium	907 mg

Croquettes de riz au saumon fumé

Le saumon fumé accompagne parfaitement ces élégantes croquettes de riz. Le saumon, un poisson gras, contient des éléments nutritifs permettant de réduire l'inflammation.

Pour 4 personnes:

15 g de bolets secs
2 c.s. d'huile d'olive
1 oignon haché ou
1 c.s. d'oignon sec
225 g de riz à risotto
Environ 90 ml de vin blanc
Environ 750 ml de bouillon de poisson ou de poulet
1 c.s. de ciboulette émincée
1 c.c. d'aneth frais haché
1 c.c. de persil haché
1 œuf légèrement battu
Environ 3 c.s. de farine de riz, plus un peu pour saupoudrer
De l'huile pour la cuisson
175 g de saumon fumé, haché
Quelques pointes d'asperges rôties
Sel
Poivre noir, moulu
4 c.s. de crème aigre, crème de soja ou de crème de coco, si vous suivez un régime, pour servir
De la laitue de Trévise ou de la laitue feuille de chêne, accompagnée de vinaigrette, pour servir

Informations nutritionnelles

Par portion	
Energie	390 kcal/1599 kj
Lipides totaux	12,9 g
Acides gras saturés	3,4 g
Protéines	18,5 g
Hydrates de carbone	45,7 g
Dont sucre	2,8 g
Fibres – NSP	0,5 g
Sodium	852 mg

Variante

S'il vous reste du risotto d'une autre recette, vous pouvez l'utiliser pour réaliser cette recette.

1 Mettez les bolets dans un petit saladier, couvrez-les d'eau bouillante. Laissez tremper 15 min.

2 Chauffez l'huile dans une petite casserole ou une poêle et faites revenir l'oignon 3 à 4 min, jusqu'à ce qu'il soit tendre.

3 Ajoutez le riz au contenu et cuire en remuant, 3 à 4 min de manière à ce que les grains soient bien enrobés d'huile. Versez le vin et le bouillon, peu à peu, en remuant, à feu doux. Il faut que chaque quantité de liquide soit absorbée avant d'en ajouter plus.

Conseil du chef

S'il vous est difficile de confectionner des croquettes, n'utilisez ni œufs, ni farine de riz et cuisez le risotto un peu plus longtemps. Recouvrez d'un peu de crème aigre, de crème de soja ou de crème de coco et parsemez le dessus de saumon fumé haché.
Les chutes de saumon fumé, que vous trouverez dans la plupart des supermarchés, conviennent très bien pour la confection de ce plat, de plus, elles sont beaucoup moins chères.

4 Egouttez les champignons et hachez-les en petits morceaux. Quand le riz est tendre, que tout le liquide a été absorbé, ajoutez les champignons.

5 Ajoutez au risotto, le persil, la ciboulette, l'aneth et l'assaisonnement. Retirez du feu, réservez, pour que le mélange refroidisse un peu. Ajoutez l'œuf battu, mélangez bien, ajoutez autant de farine de riz qu'il sera nécessaire pour lier le mélange, il doit être souple, mais maniable.

6 Saupoudrez vos mains de farine de riz et façonnez 4 croquettes, d'environ 1 cm de diamètre et environ 2 cm d'épaisseur.

7 Chauffez l'huile dans une poêle, faites frire les croquettes, en plusieurs fois si nécessaire, 4 à 5 min, elles doivent être dorées des deux côtés. Egouttez sur du papier absorbant et laissez refroidir légèrement.

8 Disposez les croquettes sur des assiettes et parsemez-les de saumon fumé haché et de pointes d'asperges. Servez, accompagné de 1 c.s. de crème, ainsi que d'une salade fraîche.

Spaghetti aux sardines, à la sicilienne

Ce plat traditionnel est une excellente façon de consommer des sardines, qui sont parfaites pour procurer de l'acide linoléique, un anti-inflammatoire.

Pour 4 personnes :

12 sardines fraîches nettoyées, les arêtes enlevées
250 ml d'huile d'olive
1 oignon ou 1 c.s. d'oignons secs
25 g d'aneth frais, haché
50 g de pignons
25 g de raisins secs, trempés
50 g de chapelure de pain frais, chips de pommes de terre écrasées, si vous suivez un régime
450 g de spaghetti sans blé, si vous suivez un régime
De la farine ordinaire, si vous suivez un régime, de la fécule de pommes de terre ou de la maïzena, pour saupoudrer
Sel et poivre noir moulu

1 Lavez les sardines, essuyez-les avec du papier absorbant, ouvrez-les en deux dans la longueur.

Conseil du chef
S'il vous est difficile de soulever des casseroles lourdes, mettez les spaghettis dans une passoire métallique et disposez celle-ci dans la casserole de cuisson. Vous pourrez sortir aisément les spaghettis de l'eau et la jeter plus tard, lorsqu'elle sera froide.

2 Chauffez 2 c.s. d'huile. Hachez l'oignon, faites-le revenir jusqu'à ce qu'il soit doré. Ajoutez l'aneth et cuire doucement pendant 1 min ou 2. Ajoutez les pignons et les raisins secs et assaisonnez avec du sel et du poivre fraîchement moulu, au goût.

3 Pendant ce temps, mettez la chapelure, si vous en utilisez, dans une poêle et faites-la revenir jusqu'à ce qu'elle soit dorée. Réservez.

4 Cuisez les spaghettis dans une grande casserole d'eau salée selon les instructions du paquet, ils doivent être al dente.

5 Chauffez le reste de l'huile dans une casserole. Saupoudrez les sardines de farine et faites-les frire dans l'huile chaude pendant 2 à 3 min. Egouttez-les sur du papier absorbant.

6 Egouttez les spaghettis, ajoutez l'oignon mélangez bien. Transférez le mélange sur un plat de service et disposez les sardines frites sur le dessus. Parsemez de chapelure grillée ou la chapelure de chips et servez.

Informations nutritionnelles

Par portion	
Energie	1029 kcal/4218 kj
Lipides totaux	62 g
Acides gras saturés	9,2 g
Protéines	31,3 g
Hydrates de carbone	91,2 g
Dont sucre	10,6 g
Fibres – NSP	4,2 g
Sodium	98 mg

Saumon grillé au confit d'oignons rouges

Les oignons rouges, doux et caramélisés, font un contraste parfait avec le poisson, en couleur aussi bien qu'en goût.

Pour 4 personnes:

4 pavés de saumon
de 2,5 cm d'épaisseur
2 c.s. d'huile d'olive
Sel
Poivre noir moulu
Du persil plat frais pour garnir

Pour le confit d'oignons rouges

5 oignons rouges pelés
4 c.s. d'huile d'olive
175 ml de vinaigre de vin rouge
50 ml de crème de cassis
50 ml de grenadine
50 ml de vin rouge

1 Badigeonnez les pavés de saumon d'huile d'olive sur leurs deux faces. Assaisonnez bien le poisson avec du sel et du poivre noir moulu.

2 Emincez finement les oignons ou hachez-les, comme cela vous sera le plus facile. Faites les revenir pendant 5 min.

3 Ajoutez le reste des ingrédients. Cuire environ 10 min, ou jusqu'à ce que les oignons soient glacés. Assaisonnez bien.

Informations nutritionnelles

Par portion	
Energie	444 kcal/1820 kj
Lipides totaux	30,2 g
Acides gras saturés	4,7 g
Protéines	25,3 g
Hydrates de carbone	8,17 g
Dont sucre	8,17 g
Fibres – NSP	0,0 g
Sodium	57,1 mg

4 Badigeonnez les pavés d'un peu d'huile supplémentaire, et faites les cuire, sur un gril, ou sur un barbecue, 4 min de chaque côté. Transférez sur des assiettes chaudes et garnissez de persil. Servez, accompagné du confit d'oignons rouges.

Conseil du chef

Si vous ne trouvez pas de crème de cassis et de grenadine, vous pouvez remplacer ces deux ingrédients par du vin rouge. Le poisson se cuit parfaitement au barbecue, mais assurez-vous qu'il à au moins 2,5 cm d'épaisseur, il sera facile à retourner.

Risotto au saumon, concombre et estragon

Un plat facile à réaliser, vous pourrez le servir dans le plat de cuisson. Le saumon est un poisson gras, riche en acide alfa-linolénique. Il est donc conseillé à ceux qui souffrent d'arthrite car il aide à réduire l'inflammation et les douleurs des articulations.

Pour 4 personnes :

2 c.s. d'huile d'olive
1 petite botte d'oignons verts, la partie blanche coupée aux ciseaux
½ concombre pelé, épépiné et haché (voir le conseil du chef)
350 g de riz à risotto
1,2 litres de bouillon de poulet ou de poisson chaud
150 ml de vin blanc sec
450 g de saumon, la peau enlevée et coupé en cubes
3 c.s. d'estragon frais, haché
Sel
Poivre noir moulu

1 Chauffez l'huile dans une grande casserole ou une mijoteuse et ajoutez les oignons verts ainsi que le concombre. Faites cuire 2 à 3 min sans laisser les oignons verts prendre couleur.

Conseil du chef
S'il vous est difficile de peler et d'épépiner le concombre, hachez-le simplement en laissant la peau et les pépins.

2 Ajoutez le riz, le bouillon et le vin. Amenez à ébullition, réduisez le feu et laissez mijoter, à découvert, 10 min, en remuant de temps en temps.

3 Ajoutez les dés de saumon, assaisonnez au goût avec du sel et du poivre noir. Laissez cuire 5 min supplémentaires, en remuant de temps en temps, éteignez le feu. Couvrez et laissez reposer 5 min.

4 Retirez le couvercle, ajoutez l'estragon frais haché et mélangez doucement. Servez le risotto immédiatement dans des bols chauds.

Informations nutritionnelles

Par portion	
Energie	606 kcal/2483 kj
Lipides totaux	19,5 g
Acides gras saturés	2,9 g
Protéines	32,4 g
Hydrates de carbone	66,9 g
Dont sucre	0,7 g
Fibres – NSP	0,2 g
Sodium	596 mg

Agneau rôti avec une farce à l'abricot épicée

La cannelle, le cumin et l'abricot se combinent dans la farce au boulgour, qui est utilisée pour ce rôti qui sera facile à découper.

Pour 6 personnes :

75 g de boulgour, riz complet si vous suivez un régime (voir conseil du chef)
2 c.s. d'huile d'olive
1 petit oignon finement haché ou 1 ½ c.c. d'oignon sec
1 gousse d'ail, écrasée ou 1 c.c. de purée d'ail
1 c.c. de cannelle moulue
1 c.c. de cumin moulu
175 g d'abricots secs, prêts à la consommation, hachés
50 g de pignons de pin
1 épaule d'agneau désossée, d'environ 1,750 kg
120 ml de vin rouge
120 ml de bouillon d'agneau
Sel
Poivre noir moulu
Quelques brins de menthe fraîche pour garnir

1 Mettez le boulgour dans un saladier et recouvrez-le d'eau chaude. Laissez-le gonfler pendant 1 heure, puis égouttez-le bien.

2 Faites chauffer l'huile dans une casserole. Ajoutez l'oignon et l'ail et faites cuire 5 min. Ajoutez le boulgour, la cannelle, le cumin, les abricots et les pignons, assaisonnez au goût. Laissez refroidir.

Informations nutritionnelles

Par portion	
Energie	749 kcal/3070 kj
Lipides totaux	52,5 g
Acides gras saturés	20,8 g
Protéines	44,8 g
Hydrates de carbone	22,1 g
Dont sucre	11,7 g
Fibres – NSP	2,3 g
Sodium	272 mg

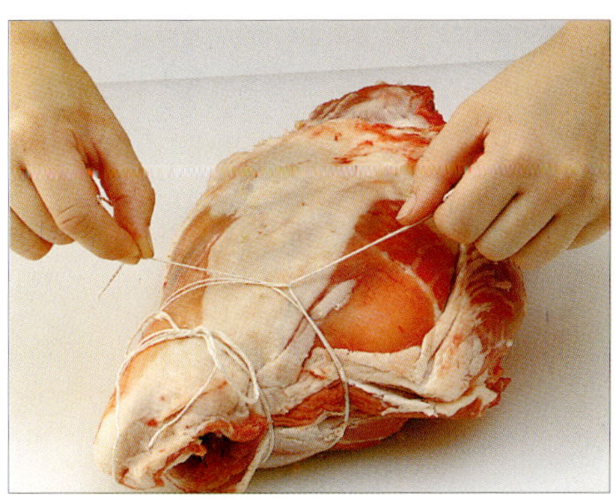

3 Préchauffez le four à 180°C. Ouvrez l'épaule et répartissez la farce dessus. Roulez l'épaule fermement, attachez-la avec de la ficelle de cuisine et placez-la dans un plat à rôtir. Faites rôtir 1 heure, versez le vin rouge et le bouillon dans le plat à rôtir.

4 Faites rôtir la viande 30 min supplémentaires, transférez-la sur une assiette chaude. Recouvrez d'aluminium et laissez la viande reposer 15 à 20 min avant de la découper.

5 Pendant ce temps, dégraissez la surface du jus qui reste dans le plat. Placez celui-ci sur feu doux, laissez le jus réduire quelques minutes en remuant de temps en temps, pour que tous les sucs pénètrent dans le jus. Découpez soigneusement la viande, disposez les tranches sur un plat de service et versez la sauce par-dessus. Servez garni de menthe.

Conseil du chef

Si vous utilisez du riz complet, ajoutez-le à l'oignon et l'ail au paragraphe 2, en même temps que 300 ml de bouillon. Amenez à ébullition, laissez frémir jusqu'à ce que le riz soit cuit. Ajoutez les épices, les abricots et les pignons. S'il vous est difficile de farcir et d'attacher le rôti, laissez-le entier et faites-le rôtir 40 min par kilo et 20 min supplémentaires. Ajoutez le bouillon et le vin au milieu du temps de cuisson, et faites cuire la farce séparément dans une cocotte.

Poulet aux pois gourmands et au gingembre

Pour 4 personnes:

4 blancs de poulet sans peau ni os
225 g de pois gourmands
3 c.s. d'huile d'olive
3 gousses d'ail finement hachées ou 2 c.c. de purée d'ail
Un morceau de 2,5 cm de racine de gingembre frais, râpée ou 2 c.c. de gingembre en poudre
5 ou 6 oignons verts, en morceaux de 4 cm de long à l'aide de ciseaux
2 c.c. d'huile de sésame
Du riz vapeur pour servir, du persil pour garnir.

Pour la marinade:

1 c.c. de maïzena
1 c.s. de sauce de soja claire, sans blé, si vous suivez un régime
1 c.s. de Xérès mi-sec
1 c.s. d'huile végétale

Pour la sauce:

1 c.c. de maïzena
2 ou 3 c.c. de sauce de soja foncée, sans blé, si vous suivez un régime
120 ml de bouillon de poulet
2 c.s. de sauce d'huître, n'en utilisez pas si vous suivez un régime

1 Découpez le poulet en lanières. Pour la marinade, mélangez maïzena et sauce de soja, ajoutez l'huile et le Xérès. Versez sur le poulet, mélangez doucement, laissez reposer 30 min.

2 Epluchez les pois gourmands, plongez-les dans une casserole d'eau bouillante salée, ramenez à ébullition, égouttez, rafraîchissez sous l'eau froide.

Conseil du chef
Si vous avez des difficultés avec vos mains, mettez les pois gourmands dans une passoire. Amenez une casserole d'eau à ébullition, puis plongez la passoire dedans 1 min. Sortez-la de l'eau et rafraîchissez les pois gourmands sous l'eau courante.

3 Pour faire la sauce, mélangez la sauce de soja, la maïzena, le bouillon et la sauce d'huître, puis réservez.

4 Chauffez 1 c.s. d'huile d'olive dans un wok, ajoutez l'ail, le gingembre et les oignons. Faites sauter les légumes 30 secondes. Ajoutez le poulet en même temps que la marinade, et faites cuire vivement 2 min. Réduisez le feu, couvrez le wok et laissez mijoter 15 min ou jusqu'à ce que les morceaux de poulet soient bien cuits. Ajoutez l'huile de sésame, la sauce et les pois gourmands. Laissez cuire pendant 2 min supplémentaires. Servez avec du riz vapeur et garni de persil.

Informations nutritionnelles

Par portion	
Energie	290 kcal/1189 kj
Lipides totaux	13,7 g
Acides gras saturés	2,0 g
Protéines	38,9 g
Hydrates de carbone	3,1 g
Dont sucre	2,3 g
Fibres – NSP	1,6 g
Sodium	306 mg

Poulet aux haricots

Ce plat nourrissant est rempli de saveur, de texture et de couleur.

Pour 4 personnes :

275 g de haricots rouges ou autres haricots secs trempés une nuit, puis cuits 20 min dans de l'eau bouillante, ou une boîte de 400 g de haricots rouges égouttés
8 parts de poulet, par exemple des cuisses et des hauts de cuisse
12 tranches de lard sans couenne
2 gros oignons, finement émincés ou 2 c.s. d'oignons secs
250 ml de vin blanc sec
½ c.c. de sauge fraîche hachée, d'origan, ou
¼ c.c. de ces herbes sèches
Une généreuse pincée de noix de muscade râpée
150 ml de crème aigre, de yaourt si vous suivez un régime
1 c.s. de poudre de piments ou gingembre moulu si vous suivez un régime
Sel
Poivre noir moulu
Quelques brins de romarin pour garnir
Des quartiers de citron pour servir

1 Rincez, égouttez les haricots et nettoyez les morceaux de poulet. Assaisonnez-les de sel et de poivre.

2 Disposez les tranches de lard autour et au fond d'un plat allant au four. Parsemez avec la moitié des oignons émincés, puis la moitié des haricots, continuez ces couches jusqu'à épuisement de tous les ingrédients.

3 Préchauffez le four à 180°C. Versez le vin dans un grand saladier puis ajoutez la sauge ou l'origan, le romarin et la noix de muscade. Mélangez le vin et les herbes puis versez sur les légumes du plat.

4 Dans un autre saladier, mélangez la crème aigre ou le yaourt et la poudre de piment ou le gingembre en poudre.

5 Enrobez bien le poulet du mélange de crème aigre et disposez-le sur les haricots.

6 Recouvrez de papier d'aluminium, et enfournez 1¼ à 1½ heure, en retirant le papier d'aluminium pendant les dernières 15 min. Garnissez de romarin et servez accompagné de quartiers de citron, si vous en utilisez.

Conseil du chef

Les haricots rouges sont très nourrissants, mais il est très important de faire cuire les haricots rouges secs dans de l'eau bouillante pendant 20 min pour éliminer les toxines qu'ils contiennent.

Informations nutritionnelles

Par portion	
Energie	665 kcal/2726 kj
Lipides totaux	31,9 g
Acides gras saturés	12,2 g
Protéines	57,5 g
Hydrates de carbone	29,0 g
Dont sucre	12,1 g
Fibres – NSP	7,8 g
Sodium	1531 mg

Fenouil farci

Non seulement le fenouil est délicieux, mais il se partage en jolies coques, parfaites pour recevoir une farce.

Pour 4 personnes :

2 gros bulbes de fenouil
3 œufs
2 c.s. d'huile d'olive
1 oignon haché ou
1 c.s. d'oignon sec
2 blancs de poulet sans peau
225 g de pleurotes hachées
4 c.s. de farine ordinaire, fécule de pomme de terre ou maïzena, si vous suivez un régime
300 ml de bouillon de poulet maison ou en boîte, bouillant
1 c.c. de moutarde de Dijon
2 c.s. de Xérès
Sel
Poivre noir moulu
Quelques brins de persil frais, pour garnir
Du riz vapeur en accompagnement

1 Préchauffez le four à 190°C. Coupez la base du fenouil et séparez chaque bulbe en 4, réservez la partie centrale. Faites-le blanchir dans de l'eau salée 3 à 4 min, puis égouttez et laissez refroidir. Faites bouillir les œufs 10 min. Laissez-les refroidir, puis pelez-les et réservez.

2 Hachez finement la partie centrale du fenouil. Faites sauter légèrement dans l'huile en même temps que l'oignon, pendant 3 à 4 min.

3 Découpez le poulet en morceaux, ajoutez-les dans la poêle ainsi que les champignons. Cuire à feu doux 6 min, en remuant fréquemment. Ajoutez la farine, la fécule de pomme de terre ou la maïzena et retirez du feu.

4 Ajoutez peu à peu le bouillon. Attention que le liant soit bien absorbé. Remettez sur le feu et laissez mijoter, en remuant constamment, jusqu'à épaississement. Ajoutez un des œufs que vous aurez haché, la moutarde, le Xérès et l'assaisonnement au goût.

5 Disposez le fenouil dans un plat allant au four. Remplissez chaque coque de fenouil de la farce, couvrez de papier aluminium, enfournez 20 à 25 min. Servez sur un lit de riz, garni du reste des œufs, coupés en 4 et de persil.

Informations nutritionnelles

Par portion	
Energie	91 kcal/373 kj
Lipides totaux	6,0 g
Acides gras saturés	0,8 g
Protéines	2,8 g
Hydrates de carbone	4,8 g
Dont sucre	3,6 g
Fibres – NSP	2,9 g
Sodium	193 mg

Conseil du chef

S'il vous est difficile de découper le fenouil, faites le cuire avant de le couper. Il sera beaucoup plus facile à manipuler une fois cuit.

Patates douces glacées au lard

Le lard fumé est le complément idéal de ces patates douces sucrées et qui fondent dans la bouche. C'est un excellent plat de base si vous suivez un régime sans solanacées.

Pour 4 personnes:

De l'huile pour graisser le moule
900 g de patates douces
115 g de sucre semoule brun
2 c.s. de jus de citron,
2 c.s. de vinaigre de cidre, si vous suivez un régime
3 c.s. d'huile d'olive
4 tranches de lard fumé maigre, coupées en allumettes
Sel
Poivre noir moulu
Du persil plat frais haché pour garnir

1 Préchauffez le four à 190°C et graissez légèrement un plat à four profond. Découpez chaque patate douce en 3 morceaux et faites les cuire à la vapeur pendant environ 25 min, elles doivent être juste tendres. Laissez-les refroidir.

2 Lorsque les patates douces sont tièdes, pelez-les et découpez-les en tranches épaissses.

3 Disposez les patates douces en une seule couche, les tranches se chevauchant dans le plat préparé. Saupoudrez le dessus de sucre.

4 Arrosez le plat de jus de citron ou de vinaigre de cidre et parsemez d'un peu d'huile. Répartissez les allumettes de lard sur les patates douces et assaisonnez de sel et de poivre noir fraîchement moulu, au goût. Enfournez sans couvrir, 35 à 40 min, en arrosant une ou deux fois.

5 Préchauffez très chaud le gril du four. Parsemez les patates douces de persil. Placez-les sous le gril 2 à 3 min jusqu'à ce qu'elles soient dorées et le lard croustillant. Servez chaud.

Informations nutritionnelles

Par portion	
Energie	378 kcal/1549 kj
Lipides totaux	7,5 g
Acides gras saturés	2,1 g
Protéines	6,8 g
Hydrates de carbone	77,0 g
Dont sucre	41,9 g
Fibres – NSP	5,4 g
Sodium	483 mg

Conseil du chef
S'il vous est difficile de découper le lard en allumettes, essayez d'utiliser des ciseaux.

PLATS VÉGÉTARIENS

Cette délicieuse sélection de recettes, comprend des plats à base de légumes courants, tels que les courgettes et les carottes, dans les tagliatelles tricolores, et d'autres qui vous encourageront à faire des expériences avec d'autres ingrédients. Essayez les feuilles de blettes dans une omelette française traditionnelle, ou faites le savoureux risotto aux topinambours. Les recettes de cette section sont nourrissantes, relativement faciles à préparer, et suivent les conseils pour un régime pauvre en graisses et sans viande.

Tagliatelles tricolores

Ce plat attrayant pourra vous sembler difficile à réaliser, mais vous verrez que les « rubans » de légumes colorés, sont beaucoup plus faciles à couper que vous ne le pensez.

Pour 4 personnes :

2 grandes courgettes
2 grandes carottes
250 g de tagliatelles fraîches, sans blé, si vous suivez un régime
4 c.s. d'huile d'olive extra-vierge
La chair de 2 gousses d'ail rôties, pour servir (facultatif) ou
2 c.c. d'ail écrasé ou de purée d'ail
Sel
Poivre noir moulu
2 c.s. de graines de tournesol grillées, pour servir (facultatif)

1 Découpez les courgettes et les carottes en longs rubans minces à l'aide d'un couteau économe.

2 Mettez les rubans de carottes et de courgettes dans une passoire. Plongez la passoire une grande casserole d'eau salée bouillante. Laissez bouillir 30 secondes, sortez la passoire de l'eau et réservez.

3 Cuisez les pâtes selon les instructions du paquet, elles doivent être al dente. Vous pouvez aussi les cuire dans un panier métallique. Vous pourrez les sortir facilement et vous viderez la casserole d'eau lorsqu'elle sera froide.

4 Egouttez les pâtes et remettez-les dans la casserole. Ajoutez les rubans de légumes, l'huile, l'ail et l'assaisonnement et faites sauter à feu vif, jusqu'à ce que les pâtes soient luisantes d'huile. Servez immédiatement, avec un peu d'ail rôti et des graines de tournesol si vous le désirez.

Conseils du chef

Pour rôtir de l'ail, placez une tête entière sur une plaque de four légèrement huilée. Mettez au four préalablement chauffé à 180°C et faites rôtir environ 30 min. Retirez l'ail du four et réservez. Lorsque vous pourrez le manipuler, retirez la chair, à l'aide d'une cuillère. S'il vous est difficile d'utiliser le couteau économe, utilisez plus de courgettes, qui sont plus faciles à préparer, et moins de carottes.

Informations nutritionnelles

Par portion	
Energie	240 kcal/984 kj
Lipides totaux	15,4 g
Acides gras saturés	2,09 g
Protéines	5,05 g
Hydrates de carbone	21,7 g
Dont sucre	6,4 g
Fibres – NSP	2,3 g
Sodium	49 mg

Haricots soissons et pâtes au pesto

Ce plat de pâtes riche et crémeux est la simplicité même à réaliser, toutefois sa saveur est exceptionnelle.

Pour 4 personnes:

225 g de pâtes sèches, sans blé, si vous suivez un régime
De la noix de muscade moulue
2 c.s. d'huile d'olive extra-vierge
Une boîte de 400 g de haricots soissons égouttés
3 c.s. de sauce pesto, mais regardez le conseil si vous suivez un régime
150 ml de crème liquide, crème de soja si vous suivez un régime
Sel
Poivre noir moulu

Pour servir

3 c.s. de pignons de pin
Du fromage râpé (facultatif) supprimez si vous suivez un régime
Quelques brins de basilic pour le décor (facultatif)

1 Cuisez les pâtes, al dente, égouttez-les, laissez un peu d'eau de cuisson. Remettez-les dans la casserole, assaisonnez et ajoutez la noix de muscade râpée et l'huile d'olive.

Conseil du chef

La plupart des pesto contiennent du parmesan que vous devriez éviter si vous suivez un régime sans produits lactés. Si vous ne trouvez pas de pesto qui convienne à votre régime, il est très facile à réaliser vous-même. Suivez une recette pour faire le pesto en utilisant un fromage au lait de chèvre tel que le pecorino à la place du parmesan.

2 Chauffez les haricots dans une casserole avec le pesto et la crème ou le yaourt, en remuant le mélange jusqu'à ce qu'il commence à frémir. Ajoutez les haricots et le pesto dans les pâtes. Mélangez bien.

3 Servez immédiatement dans des bols. Si vous le désirez, parsemez de pignons, d'un peu de fromage râpé et de brins de basilic.

Informations nutritionnelles

Par portion	
Energie	528 kcal/2164 kj
Lipides totaux	27,2 g
Acides gras saturés	7,4 g
Protéines	17,5 g
Hydrates de carbone	56,8 g
Dont sucre	5,1 g
Fibres – NSP	6,4 g
Sodium	494 mg

Flan de champignons et graines de tournesol

Cette tarte peut se préparer à l'avance, elle est aussi bonne froide que chaude. Les épinards sont une excellente source d'antioxydants, ils vous protègent du cancer, et minimisent les dommages causés par l'arthrite aux articulations.

Pour 4 personnes :

150 g de farine complète, sans blé si vous suivez un régime
75 g de farine de pois chiches
75 g de farine de riz
75 g de beurre ou de pâte à tartiner
3 c.s. d'huile de noix ou tournesol
175 g de mini-maïs
50 g de graines de tournesol
225 g de petits champignons essuyés
75 g d'épinards en branches frais ou décongelés
Le jus de 1 citron, 2 c.s. de vinaigre de cidre, si vous suivez un régime
Sel
Poivre noir moulu

1 Chauffez le four à 180°C. Faites la pâte en incorporant le beurre ou la pâte à tartiner dans la farine.

2 Ajoutez assez d'eau pour réaliser une pâte ferme, roulez-la, foncez-en un moule à tarte de 23 à 25 cm de diamètre. Vous pouvez presser la pâte sur les parois du moule s'il vous est difficile de la rouler. Ce sera aussi plus aisé si vous utilisez des farines sans blé, les pâtes obtenues s'émiettent en effet plus facilement.

3 Piquez le fond du moule avec une fourchette, couvrez-le de papier aluminium, remplissez-le de haricots secs. Cuire au four 10 min avec le papier et 10 min sans, il deviendra croustillant.

4 Chauffez l'huile dans une poêle, ajoutez le maïs et les graines de tournesol. Faites frire, jusqu'à ce qu'ils soient dorées de tous côtés.

5 Ajoutez les champignons, réduisez légèrement le feu et laissez cuire environ 3 min. Ajoutez les épinards hachés, mélangez bien, couvrez la casserole et cuire encore 2 min.

6 Ajoutez le jus de citron ou le vinaigre, assaisonnez. Assurez-vous que tous les ingrédients sont bien mélangés, puis versez-les dans le fond de tarte. Servez le flan sans attendre ou, si vous préférez, laissez-le refroidir et servez à température ambiante.

Conseils du chef

Si vos mains sont douloureuses, mélangez la graisse et la farine au mixer.

Informations nutritionnelles

Par portion	
Energie	447 kcal/1837 kj
Lipides totaux	32,0 g
Acides gras saturés	11,7 g
Protéines	12,5 g
Hydrates de carbone	28,8 g
Dont sucre	2,5 g
Fibres – NSP	4,6 g
Sodium	401 mg

Risotto aux topinambours

La saveur distinctive et délicieuse des topinambours fait de ce risotto quelque chose de spécial.

Pour 4 personnes :

400 g de topinambours
4 c.s. d'huile d'olive
1 oignon haché fin ou
1 c.s. d'oignon sec
1 gousse d'ail écrasée ou
1 c.c. de purée d'ail
275 g de riz à risotto
120 ml de vin blanc fruité
1 litre de bouillon végétal, frémissant
2 c.s. de thym frais haché
40 g de parmesan fraîchement râpé, un peu plus pour servir,
40 g d'olives noires hachées, si vous suivez un régime
Sel
Poivre noir moulu

1 Pelez les topinambours, coupez-les en morceaux, et faites les cuire à la vapeur. Ecrasez-les à l'aide d'un presse purée ou d'un mixer à main. Ajoutez 1 c.s. d'huile d'olive et assaisonnez de sel.

Conseil du chef

Si vous trouvez que les topinambours sont difficiles à éplucher, brossez-les et faites les cuire sans les peler. Il sera beaucoup plus facile de retirer la peau lorsqu'ils seront cuits.

2 Chauffez le reste de l'huile, faites frire l'oignon et l'ail 5 à 6 min jusqu'à ce qu'ils soient tendres et ajoutez le riz et cuire environ 2 min, ou jusqu'à ce que les grains soient translucides sur leurs bords.

3 Versez le vin, mélangez jusqu'à ce qu'il soit absorbé, ajoutez le bouillon, louche par louche, attendez que l'une soit absorbée avant d'ajouter l'autre. Avant la dernière louche, ajoutez les topinambours et le thym.

4 Cuisez jusqu'à ce que le risotto soit crémeux et les topinambours chauds. Ajoutez le parmesan ou les olives noires, assaisonnez au goût.

5 Retirez le risotto du feu, couvrez la casserole et laissez reposer pendant quelques minutes. Servez, garni de thym et parsemé de parmesan, si vous en utilisez.

Informations nutritionnelles

Par portion	
Energie	483 kcal/1980 kj
Lipides totaux	16,7 g
Acides gras saturés	3,7 g
Protéines	13,2 g
Hydrates de carbone	65,6 g
Dont sucre	3,8 g
Fibres – NSP	4,2 g
Sodium	701 mg

Risotto à l'oignon rouge et brocoli

Pour 4 personnes:

2 c.s. d'huile d'olive
2 oignons rouges émincés fin ou 2 c.s. d'oignon sec
2 gousses d'ail émincées fin ou 1 c.c. de purée d'ail
150 g de riz à risotto
300 ml de vin blanc sec
600 ml d'eau
200 g de fleurettes de brocoli partiellement cuites à la vapeur
250 g de tofu mariné ou fumé, coupé en cubes
Une boîte de 200 g de châtaignes d'eau, égouttées, coupées en deux
50 g de noix de cajou grillées et salées
Sel
Poivre noir moulu

1 Faites doucement cuire l'oignon et l'ail dans l'huile chaude jusqu'à ce qu'ils soient tendres.

2 Ajoutez le riz, le vin et l'eau, en remuant doucement. Laisez frémir 10 à 15 min ou jusqu'à ce que le riz soit tendre et le liquide absorbé. Ajoutez plus de liquide si nécessaire.

3 Ajoutez les fleurettes de brocoli, le tofu, les châtaignes d'eau et les noix de cajou. Mélangez bien et assaisonnez avec du sel et du poivre selon votre goût. Servez le risotto, chaud ou froid.

Informations nutritionnelles

Par portion	
Energie	365 kcal/1496 kj
Lipides totaux	15,6 g
Acides gras saturés	2,4 g
Protéines	14,3 g
Hydrates de carbone	41,4 g
Dont sucre	7,5 g
Fibres – NSP	2,7 g
Sodium	51,6 mg

Conseil du chef

Si vous désirez un risotto encore plus crémeux, amenez le vin et l'eau à frémissement dans une casserole séparée, puis ajoutez-les au riz, louche par louche, en vous assurant que chaque quantité de liquide a été absorbée avant d'en ajouter une autre.

Légumes rôtis avec des artichauts

Un mélange de légumes coloré, parfait pour un soir d'hiver

Pour 4 personnes:

800 g de cœurs d'artichauts
800 g de fèves en boîtes
4 c.s. d'huile d'olive
4 navets pelés en tranches épaisses ou brossés et laissés entiers
4 carottes moyennes brossées et laissées entières
4 poireaux coupés grossièrement
2 grandes courgettes en gros morceaux ou 4 petites courgettes essuyées, équeutées et entières
90 g d'épinards en branches frais ou décongelés
2 c.s. de graines de courge
1 c.s. de ketchup
Du poivre noir moulu
Du riz ou des pommes de terre au four en accompagnement (facultatif)

1 Préchauffez le four à 180°C. Egouttez les cœurs d'artichauts et les fèves. Mettez l'huile d'olive au fond d'un plat allant au four, puis ajoutez tous les autres ingrédients sauf le ketchup, les graines de courge et le poivre noir.

2 Couvrez le plat, puis faites cuire les légumes pendant 30 à 40 min ou jusqu'à ce que les navets soient tendres.

3 Ajoutez les graines de courge, le ketchup et le poivre. Servez seul ou accompagné de riz et de pommes de terre au four.

Conseil du chef

Si vous êtes pressés, faites cuire les légumes au micro-ondes à la température maximum 4 min, puis transférez dans le four 20 min.

Informations nutritionnelles

Par portion	
Energie	373 kcal/1529 kj
Lipides totaux	13,7 g
Acides gras saturés	2,1 g
Protéines	24,1 g
Hydrates de carbone	43,0 g
Dont sucre	15,7 g
Fibres – NSP	16,3 g
Sodium	657 mg

Gratin de pommes de terre, fruits et poireaux

Les pommes, utilisées ici parfument ce plat. C'est un ingrédient inhabituel dans ce genre de recette. Ce sera un repas parfait pour un froid soir d'hiver.

Pour 4 personnes:

1,5 kg de pommes de terre, patates douces, si vous suivez un régime
3 poireaux émincés
4 c.s. d'huile d'olive
3 oignons grossièrement hachés
Une petite tête de céleri hachée
2 grosses pommes à cuire
50 g de fécule de pomme de terre, maïzena, si vous suivez un régime
450 ml de lait, lait de soja, si vous suivez un régime
75 g de graines de courge partiellement moulues dans un mixer
1 c.s. de graines de sésame
Sel
Poivre noir moulu

1 Préchauffez le four à 180°C. Grattez les pommes de terre ou les patates douces et coupez-les en fines tranches. Les précuire, en même temps que les poireaux, dans un cuit vapeur ou au micro-ondes environ 10 min, ou jusqu'à ce qu'ils soient tendres.

2 Graissez légèrement un plat allant au four. Disposez la moitié des pommes de terre et tous les poireaux en une couche sur le fond du plat.

3 Pelez, épépinez, coupez les pommes en cubes. Chauffez 3 c.s. d'huile, cuisez oignons, pommes et céleri, l'oignon et le céleri doivent être tendres.

4 Ajoutez la fécule de pommes de terre ou la maïzena, mélangez bien, ajoutez peu à peu le lait et continuez à cuire pour que la sauce épaississe légèrement. Versez ce mélange sur les pommes de terre et les poireaux, puis recouvrez du reste de tranches de pommes de terre.

5 Badigeonnez le dessus des pommes de terre avec la cuillère d'huile restante. Assaisonnez, puis parsemez de graines de courges et de sésame.

6 Mettez au four 20 à 30 min ou jusqu'à ce que le plat soit bien chaud et les pommes de terre du dessus dorées. Servez sans attendre.

Conseil du chef

S'il vous est difficile de couper les patates douces ou les pommes de terre en tranches, cuisez-les entières et détaillez-les lorsqu'elles seront cuites.

Informations nutritionnelles

Par portion	
Energie	446 kcal/1827 kj
Lipides totaux	15,1 g
Acides gras saturés	7,1 g
Protéines	12,4 g
Hydrates de carbone	69,1 g
Dont sucre	16,2 g
Fibres – NSP	6,6 g
Sodium	69,7 g

Crêpes au sarrasin, sauce aux champignons

Ces crêpes peuvent être utilisées avec des farces sucrées ou salées au choix.

Pour 4 personnes:

115 g de farine de sarrasin
1 gros œuf
120 ml d'eau
150 ml de lait, lait de soja, si vous suivez un régime
2 c.s. d'huile d'olive
2 poireaux moyens essuyés et émincés
1 gousse d'ail finement hachée ou 1 c.c. d'ail en purée
200 g de petits champignons de Paris essuyés et émincés
1 c.s. de fécule de pommes de terre, maïzena, si vous suivez un régime
450 ml de lait, lait de soja, si vous suivez un régime
2 c.s. de maïs en grains (en boîte ou surgelé)
50 g de noisettes grillées hachées
Sel
Poivre noir moulu
Du persil frais haché pour le décor

1 Pour faire les crêpes, mélangez, la farine, l'œuf, l'eau, le lait et une pincée de sel dans un mixer, puis laissez reposer le mélange 10 à 15 min.

2 Chauffez une poêle à crêpes avec une petite goutte d'huile. Versez une louche du mélange et faites cuire, rapidement des deux côtés. Les crêpes doivent être relativement fines et vous devez en obtenir 8. Réservez la moitié des crêpes pour une utilisation ultérieure, pour un dessert éventuellement. Réservez-les en plaçant une feuille de film plastique entre chacune d'elles.

3 Pour faire la farce des crêpes, faites chauffer l'huile d'olive dans une casserole profonde et faites cuire les poireaux et l'ail jusqu'à ce qu'ils soient juste tendres. Ajoutez les champignons et continuez à cuire vivement jusqu'à ce que les champignons soient cuits et rendent leur eau.

4 Ajoutez la fécule de pommes de terre ou la maïzena hors du feu, mélangez bien, ajoutez peu à peu le lait, mélangez jusqu'à ce que la sauce soit lisse. Remettez sur le feu en remuant pour que la sauce épaississe.

5 Ajoutez le maïs et les noisettes et laissez cuire 2 à 3 min pour que les saveurs se mélangent. Assaisonnez.

6 Remplissez chaque crêpe avec une cuillère de farce (en en réservant un peu pour plus tard). Pliez les crêpes et disposez-les dans un plat non-métallique, allant au four.

7 Couvrez d'un film plastique et réchauffez au micro-ondes à pleine puissance pendant 2 à 3 min. Vous pouvez également recouvrir le plat d'une feuille d'aluminium et le mettre au four à 180°C pendant environ 30 min. Faites réchauffer le reste de la sauce et servez-la avec les crêpes, parsemez de persil.

Conseil du chef

S'il vous est difficile de farcir les crêpes, mettez-les dans un plat avec de la sauce entre chacune d'elles.

Informations nutritionnelles

Par portion	
Energie	480 kcal/1967 kj
Lipides totaux	18,6 g
Acides gras saturés	3,3 g
Protéines	15,1 g
Hydrates de carbone	66,2 g
Dont sucre	9,0 g
Fibres – NSP	2,3 g
Sodium	135 mg

Lentilles vertes, haricots et tomates séchées

Bien que vous puissiez déguster ce plat sans attendre, la saveur sera améliorée s'il « repose » 24 heures. Vous le réchaufferez bien avant de servir.

Pour 4 personnes :

4 c.s. d'huile d'olive
4 poireaux moyens émincés fin
2 grosses courgettes coupées en petits cubes
50 g de tomates séchées hachées en gros morceaux, 50 g d'olives noires, si vous suivez un régime
150 g de lentilles vertes
200 ml de résiné ou de vin blanc sec
400 ml d'eau
16 haricots verts grossièrement hachés
De la sauce soja, du tamari, si vous suivez un régime
Du persil plat frais, haché

1 Faites chauffer l'huile dans une casserole et faites suer les poireaux et les courgettes, à couvert, pendant 15 à 20 min, ou jusqu'à ce que les légumes soient bien tendres.

Conseil du chef
Voilà un plat parfait à réaliser dans une mijoteuse ou une poêle électrique si vous trouvez cela plus facile. Vous pouvez le faire cuire et le servir directement dans la poêle.

2 Ajoutez les tomates séchées si vous en utilisez, les lentilles vertes et le vin et l'eau.

3 Ramenez à frémissement, couvrez et laissez cuire 20 à 30 min ou jusqu'à ce que les lentilles soient cuites.

4 Ajoutez les haricots verts et les olives noires hachées, si vous en utilisez, continuez à cuire 5 à 10 min, jusqu'à ce que les haricots verts soient tendres mais pas mous.

5 Assaisonnez de sauce soja et parsemez de persil haché juste avant de servir.

Informations nutritionnelles

Par portion	
Energie	338 kcal/1385 kj
Lipides totaux	18,8 g
Acides gras saturés	2,6 g
Protéines	12,3 g
Hydrates de carbone	23,3 g
Dont sucre	4,4 g
Fibres – NSP	6,1 g
Sodium	133 mg

Omelette aux blettes à la provençale

Cette omelette plate, traditionnelle, peut être faite avec des épinards, mais les feuilles de blettes sont typiques de Provence. Elle est délicieuse servie accompagnées de petites olives de Nice.

Pour 4 personnes:

675 g de blettes sans leurs queues
4 c.s. d'huile d'olive
Un gros oignon émincé ou
2 c.s. d'oignon sec
2 œufs
Sel
Poivre noir moulu
Quelques brins de persil plat
pour le décor

1 Lavez les feuilles de blettes dans plusieurs eaux, séchez-les. Empilez-en 4 ou 5, coupez-les en lanières (peut se faire avec des ciseaux). Cuisez-les à la vapeur pour qu'elles soient souples, égouttez-les dans une passoire, pressez avec le dos d'une cuillère pour retirer le plus d'eau possible.

2 Chauffez 2 c.s d'huile dans une grande poêle. Ajoutez l'oignon et cuisez à feu moyen environ 10 min jusqu'à ce qu'il soit tendre, en remuant de temps en temps. Ajoutez les feuilles de blettes et faites cuire encore 2 à 4 min, jusqu'à ce qu'elles soient tendres.

Conseil du chef

Si vous préférez vous pouvez placer la poêle sous un gril pour faire cuire le dessus de l'omelette ou simplement faire cuire le tout pendant un peu plus longtemps à feu plus doux, puis servir directement de la poêle.

3 Dans un grand bol, battez les œufs et assaisonnez de sel et de poivre, puis ajoutez les légumes cuits.

4 Faites chauffer les 2 c.s. restantes d'huile dans une grande poêle antiadhésive placée à feu moyen. Versez le mélange d'œufs et réduisez le feu. Faites cuire l'omelette couverte pendant 5 à 7 min, ou jusqu'à ce que le mélange d'œufs soit pris sur les bords et presque pris sur le dessus.

Informations nutritionnelles

Par portion	
Energie	135 kcal/553 kj
Lipides totaux	10,3 g
Acides gras saturés	1,7 g
Protéines	5,9 g
Hydrates de carbone	5,0 g
Dont sucre	3,9 g
Fibres – NSP	2,9 g
Sodium	185 mg

5 Pour retourner l'omelette, dégagez les bords à l'aide d'une palette et faites la glisser doucement sur une grande assiette. Placez la poêle sur l'omelette et, en tenant le tout fermement, renversez la poêle et l'assiette. Retirez l'assiette et continuez à faire cuire l'omelette pendant 2 à 3 min supplémentaires.

6 Faites glisser l'omelette sur un plat de service et servez chaud ou à température ambiante, découpée en portions et garnies d'un brin de persil frais.

Desserts et pains

Cette sélection de délicieux gâteaux et pains conviendra non seulement à ceux qui suivent un régime contre l'arthrite mais aussi à ceux qui suivent un régime sans blé ou sans produits lactés. Essayez le délicieux dessert à la crème de coco ou la tarte crumble aux prunes pour un plaisir riche, ou l'une des recettes à base de fruits frais pour un dessert plus simple. Le gâteau aux courgettes et aux deux gingembres est un must pour ceux qui souffrent d'arthrite, en effet, le gingembre peut réduire l'inflammation chez certains. Les pains, eux aussi, sont excellents, coupez-les épais et servez-les accompagnés de miel ou de confiture.

Pancakes aux flocons d'avoine et bananes

Pour 10 pancakes :

75 g de farine ordinaire non blanchie, tamisée, farine de riz, si vous suivez un régime
50 g de farine complète, farine de pois chiches, si vous suivez un régime
50 g de flocons d'avoine
1 c.c. de levure chimique, sans blé, si vous suivez un régime
Une pincée de sel
1 c.c. de sucre semoule blond
1 œuf
1 c.s. d'huile de tournesol et un peu plus pour frire
250 ml de lait demi-écrémé, lait de soja, de riz ou de noix de coco si vous suivez un régime

Pour les bananes caramélisées :

25 g de beurre, huile de tournesol, si vous suivez un régime
1 c.s. de sirop d'érable
3 bananes mûres, coupées en deux puis en 4 dans le sens de la longueur
25 g de noix de pécan

1 Tout d'abord, réalisez les pancakes. Mettez les farines, les flocons d'avoine, la levure chimique, le sel et le sucre dans un grand saladier et mélangez le tout.

2 Faites un puits dans le centre du mélange de farines et ajoutez l'œuf, l'huile de tournesol et environ un quart de la quantité de lait.

3 Utilisez un fouet à main pour bien réaliser le mélange, puis ajoutez peu à peu le reste du lait pour obtenir une pâte épaisse. Laissez reposer pendant 20 min dans le réfrigérateur.

Informations nutritionnelles

Par portion	
Energie	148 kcal/606 kj
Lipides totaux	5,5 g
Acides gras saturés	1,9 g
Protéines	4,0 g
Hydrates de carbone	22,0 g
Dont sucre	8,7 g
Fibres – NSP	1,4 g
Sodium	42,9 mg

4 Faites chauffer une grande poêle huilée. En utilisant environ 2 c.s. de pâte pour chaque pancake, faites cuire 2 à 3 pancakes à la fois, 3 min de chaque côté pour qu'elles soient dorées. Gardez au chaud pendant que vous réalisez les 7 ou 8 pancakes.

5 Pour faire les bananes caramélisées, essuyez la poêle et ajoutez le beurre ou l'huile, chauffez doucement, ajoutez le sirop d'érable, mélangez bien. Ajoutez les bananes et les noix de pécan au contenu de la poêle.

6 Laissez cuire, à couvert, environ 4 min, en retournant une fois les bananes, jusqu'à ce que celles-ci soient juste tendres et la sauce légèrement caramélisée. Disposez 2 pancakes sur chacune des assiettes et recouvrez de bananes caramélisées et de noix de pécan. Servez sans attendre.

Atouts santé

Les bananes sont une excellente source d'énergie, elles contiennent également du potassium, essentiel pour le bon fonctionnement de toutes les cellules de votre corps.

Tarte crumble aux prunes

La polenta qui entre dans la composition de la couche supérieure de cette tarte aux fruits, lui apportera du craquant et une merveilleuse couleur dorée. Les prunes sont une excellente source de vitamine E, antioxydant.

Pour 6 personnes :

115 g de farine ordinaire non blanchie, tamisée, farine de riz, si vous suivez un régime
115 g de farine complète, farine de pois chiches, si vous suivez un régime
150 g de sucre semoule blond
115 g de polenta
1 c.c. de levure chimique, sans blé, si vous suivez un régime
Une pincée de sel
150 g de beurre, pâte à tartiner, si vous suivez un régime, plus un peu pour graisser le moule
1 œuf
1 c.s. d'huile d'olive
25 g de flocons d'avoine
1 c.s. de sucre rapadura
De la crème anglaise, ou de la crème, pour servir (facultatif)

Pour la farce :

2 c.c. de sucre semoule
1 c.s. de polenta
450 g de prunes rouges

1 Mélangez farines, sucre, polenta, levure chimique et sel. Incorporez le beurre ou la pâte à tartiner avec vos doigts, le mélange doit ressembler à de la chapelure fine. Ajoutez l'œuf, l'huile et de l'eau froide pour former une pâte lisse.

2 Graissez un moule de 23 cm de diamètre, dont les bords s'ouvrent. Faites adhérer les 2/3 de la pâte au fond, à la base et sur les bords du moule. Enveloppez le reste de la pâte dans du film, mettez au frais pendant que vous réalisez le contenu de la tarte.

3 Préchauffez le four à 180°C. Parsemez le fond du moule de polenta et de sucre.

4 Coupez les prunes en deux à l'aide d'un couteau bien aiguisé, retirez les noyaux. Mettez-les, côté coupé vers le bas, sur la pâte à la polenta.

Informations nutritionnelles

Par portion	
Energie	535 kcal/2193 kj
Lipides totaux	24,3 g
Acides gras saturés	14,3 g
Protéines	7,0 g
Hydrates de carbone	75,3 g
Dont sucre	33,4 g
Fibres – NSP	3,0 g
Sodium	208 mg

5 Retirez le reste de pâte du réfrigérateur, et émiettez-la entre vos doigts, puis, mélangez aux flocons d'avoine. Répartissez sur les prunes, puis saupoudrez de sucre rapadura.

6 Cuisez au four 50 min ou jusqu'à ce que le dessus soit bien doré. Laissez reposer 15 min. Retirez les côtés du moule, faites glisser la base sur un plat de service. Servez, accompagné de crème anglaise ou de crème, si vous le désirez.

Conseil du chef
Vous pouvez faire la pâte à la polenta dans un mixer si cela vous est plus facile.

Trois simples desserts aux fruits

Ananas frais au kirsch

Pour 6 personnes:

1 gros ananas
2 c.s. de sucre semoule
3 c.c. de kirsch ou de cherry brandy
Quelques brins de menthe, pour le décor

1 Coupez le chapeau et la base de l'ananas, à l'aide d'un couteau bien aiguisé. Retirez la peau du haut en bas, puis ôtez les «yeux» en découpant des morceaux en forme de V.

2 Découpez l'ananas en tranches. Retirez le centre dur de l'ananas à l'aide d'un vide pommes, si vous le désirez. Disposez les tranches d'ananas sur un plat de service et saupoudrez de sucre et de kirsch ou de cherry. Gardez au frais jusqu'au moment de servir. Décorez de brins de menthe.

Conseil du chef

Il est quelquefois difficile de peler un ananas, vous pouvez donc utiliser de l'ananas en boîte si vous souffrez d'arthrite dans les mains.

Informations nutritionnelles

Par portion	
Energie	46,5 kcal/190 kj
Lipides totaux	0,0 g
Acides gras saturés	0,0 g
Protéines	0,2 g
Hydrates de carbone	10,7 g
Dont sucre	10,7 g
Fibres – NSP	0,5 g
Sodium	1,0 mg

Melon aux framboises

Pour 2 personnes:

2 tout petits melons ou un petit melon mûr
115 g de framboises fraîches
1 ou 2 c.s. de liqueur de framboises (facultatif)

1 Découpez une fine tranche à la base des melons pour la stabilité. S'ils sont tout petits, découpez le tiers supérieur, ôtez autant de chair que possible de la partie supérieure. Découpez la chair en petits dés.

2 Si vous utilisez un melon plus gros, découpez une petite tranche de la base et du dessus pour réaliser deux bases stables, puis, coupez-le en deux et coupez la chair en dés. Dans les deux cas, retirez les graines.

3 Remplissez le centre des melon avec les dés de melon et les framboises et, si vous le désirez, saupoudrez d'un peu de liqueur. Mettez au frais avant de servir. Vous pouvez aussi servir sur un lit de glace pilée.

Informations nutritionnelles

Par portion	
Energie	46 kcal/188 kj
Lipides totaux	0,3 g
Acides gras saturés	0,0 g
Protéines	1,4 g
Hydrates de carbone	10,2 g
Dont sucre	10,2 g
Fibres – NSP	2,0 g
Sodium	43 mg

Brochettes de fruits grillés

Pour 6 brochettes:

4 ou 5 sortes de fruits mûrs (raisins, poires, nectarines, mangue, ananas, tangerines)
2 c.s. d'huile de noix
Le zeste et le jus de 1 orange, supprimez-le si vous suivez un régime
Sucre selon goût
Une pincée de cannelle moulue, du yaourt, de la crème aigre, de la crème fraîche, de la crème de soja ou un coulis de fruits pour servir

1 Préchauffez le gril, tapissez de papier aluminium une plaque de cuisson.

2 Enfilez les fruits sur 6 brochettes (humidifiées si elles sont en bois), alternez les fruits pour des couleurs attrayantes. Disposez sur la feuille d'aluminium, badigeonnez d'huile. Versez le jus d'orange dessus et le zeste, si vous en utilisez, saupoudrez de sucre et d'épices. Caramélisez le sucre 2 à 3 min. Servez immédiatement, avec l'accompagnement de votre choix.

Informations nutritionnelles

Par portion	
Energie	57 kcal/233 kj
Lipides totaux	3,6 g
Acides gras saturés	0,3 g
Protéines	0,3 g
Hydrates de carbone	6,0 g
Dont sucre	6,0 g
Fibres – NSP	0,8 g
Sodium	2,5 mg

Crème dessert à la noix de coco

Le riz parfumé thaï, dont la texture est à la fois, douce et collante, le rend parfait pour ce plat. Des desserts tels que celui-ci sont courants dans tous les pays d'extrême-orient. Ils sont souvent accompagnés d'ananas, mangues ou goyaves.

Pour 4 personnes :

75 g de riz thaï parfumé, trempé une nuit dans 175 ml d'eau
350 ml de lait de coco
150 ml de crème de coco
50 g de sucre semoule
Des framboises fraîches et des feuilles de menthe pour le décor

Pour le coulis :

75 g de cassis, les tiges retirées
2 c.s. de sucre semoule
75 g de framboises, décongelées si elles ne sont pas fraîches

1 Mixez le riz et son eau de trempage dans le bol d'un mixer pendant quelques minutes jusqu'à ce que le mélange ressemble à de la soupe.

2 Chauffez le lait de coco et la crème dans une casserole à revêtement anti-adhésif. Quand le mélange est à ébullition, versez-y le mélange de riz. Cuisez très doucement 10 min, en remuant constamment, ajoutez le sucre et continuez à cuire 10 à 15 min supplémentaires ou jusqu'à ce que le mélange soit épais et crémeux.

3 Versez le riz dans un plat profond dont la base a été recouverte d'un papier de cuisson. Faites refroidir et mettez au frais jusqu'à ce que le tout soit ferme.

4 Pour faire le coulis, mettez les cassis dans un bol. Saupoudrez de sucre et laissez reposer 30 min. Versez dans une passoire en même temps que les framboises. Pressez les fruits dans la passoire, recueillez le jus dans un saladier et ajoutez du sucre au goût.

5 Découpez le riz en losanges. Versez un peu de coulis sur chaque assiette, disposez les losanges dessus, décorez de framboises et de menthe.

Informations nutritionnelles

Par portion	
Energie	169 kcal/692 kj
Lipides totaux	0,5 g
Acides gras saturés	0,2 g
Protéines	1,9 g
Hydrates de carbone	42,9 g
Dont sucre	26,6 g
Fibres – NSP	1,2 g
Sodium	104 mg

Gâteau aux courgettes et deux gingembres

Vous utiliserez le gingembre frais et le gingembre confit pour parfumer ce gâteau inhabituel. Il sera délicieux servi chaud, coupé en tranches épaisses et tartiné de beurre et de confiture.

Pour 10 personnes :

3 œufs
225 g de sucre semoule
250 ml d'huile de tournesol
1 c.c. d'essence de vanille
1 c.s. de sirop de gingembre confit
225 g de courgettes râpées
Un morceau de 2,5 cm de gingembre frais râpé, ou 1 c.c. de purée de gingembre, ou 1 ½ c.c. de gingembre en poudre
350 g de farine ordinaire, 150 g de farine de riz et 200 g de flocons d'avoine moulus, si vous suivez un régime
1 c.c. de levure chimique, sans blé, si vous suivez un régime
1 c.c. de cannelle moulue
Une pincée de sel
2 morceaux de gingembre confit au sirop, hachés
1 c.s. de sucre rapadura

1 Préchauffez le four à 190°C. Battez ensemble les œufs et le sucre jusqu'à ce qu'ils blanchissent et soient mousseux. Incorporez doucement l'huile pour obtenir une pâte liquide. Ajoutez l'essence de vanille et le sirop de gingembre, puis ajoutez les courgettes et le gingembre frais, en purée ou moulu.

Atouts santé

Le gingembre est connu pour ses nombreux bienfaits, dont celui de bloquer les enzymes qui causent l'inflammation. Les courgettes sont une bonne source de bêtacarotène, de vitamine C et d'acide folique.

2 Tamisez la farine, la levure, la cannelle et le sel et ajoutez-les à la pâte. Incorporez bien les ingrédients secs à la pâte aux courgettes.

3 Graissez légèrement un moule à cake contenant 900 g, versez-y le mélange de courgettes. Egalisez la surface, puis saupoudrez de gingembre haché et de sucre rapadura.

4 Cuisez pendant 1 heure. Une brochette introduite au centre du gâteau doit ressortir sèche. Laissez-le refroidir dans le moule pendant environ 20 min, puis retournez-le sur une grille.

Informations nutritionnelles

Par portion	
Energie	393 kcal/1611 kj
Lipides totaux	19,8 g
Acides gras saturés	3,11 g
Protéines	5,7 g
Hydrates de carbone	51,2 g
Dont sucre	24,5 g
Fibres – NSP	1,3 g
Sodium	25 mg

Sablés abricots, noisettes et flocons d'avoine

Ces cookies ont une texture à la fois souple et friable. Ils sont saupoudrés d'abricots secs et de noisettes grillées, mais toutes les combinaisons de fruits secs et de noix pourront convenir.

Pour 9 cookies:

115 g de farine à levure incorporée, tamisée, 115 g de farine de riz plus 2 c.c. de levure chimique sans blé, si vous suivez un régime
115 g de flocons d'avoine
75 g d'abricots secs non traités, hachés
115 g de beurre doux, ou de pâte à tartiner sans produits lactés si vous suivez un régime, un peu plus pour la plaque de cuisson
75 g de sucre semoule blond
1 c.s. de miel clair

Pour saupoudrer les cookies:

25 g d'abricots secs, non traités et hachés
25 g de noisettes grillées et grossièrement hachées

1 Préchauffez le four à 160°C. Graissez légèrement le fond d'une grande plaque de cuisson. Mettez la farine (ou la farine de riz et la levure), les flocons d'avoine et les abricots hachés dans un grand saladier.

2 Mettez le beurre ou la pâte à tartiner, le sucre et le miel dans une casserole sur feu doux, en remuant de temps en temps, jusqu'à ce que le beurre fonde et que le sucre soit dissout. Retirez la casserole du feu.

3 Versez le mélange sucré dans celui de farine. Mélangez bien avec une cuillère en bois pour obtenir une pâte collante. Divisez la pâte en 9 morceaux, disposez-les sur la plaque de cuisson préparée. Pressez sur la pâte pour obtenir des ronds d'environ 9 cm de diamètre.

4 Saupoudrez les cookies d'abricots secs et de noisettes grillées, pressez légèrement sur la pâte. Cuisez les cookies 15 min, pour qu'ils soient dorés et légèrement croustillants. Laissez-les refroidir sur la plaque 5 min, puis transférez-les sur une grille.

Conseil du chef

Il vous sera plus facile de hacher des fruits secs tels que les abricots si vous utilisez des ciseaux à la place d'un couteau.

Informations nutritionnelles

Par portion	
Energie	276 kcal/1130 kj
Lipides totaux	11,9 g
Acides gras saturés	7,0 g
Protéines	4,4 g
Hydrates de carbone	39,7 g
Dont sucre	11,7 g
Fibres – NSP	2,4 g
Sodium	104 mg

Pain complet sans blé

Voilà un bon pain si vous devez éviter le blé et les produits lactés. Son goût et sa texture sont très proches d'un pain complet ordinaire.

Pour un pain :

350 g de farine de riz complet
50 g de farine de sarrasin
50 g de fécule de pommes de terre ou de maïzena
1 c.c. de farine de soja
½ c.c. de sel
2 c.c. de sucre
1 ½ c.c. de crème de tartare
¼ c.c. de bicarbonate de soude
2 c.c. de levure de boulanger rapide
20 g de beurre, pâte à tartiner, si vous suivez un régime
1 œuf
1 c.s. de graines de sésame (facultatif)

1 Préchauffez le four à 180°C. Graissez un moule à cake ou un moule rond. Mettez toutes les farines, le sel, le sucre, la crème de tartare, le bicarbonate de soude et la levure dans un grand saladier. Mélangez bien.

2 Incorporez le beurre ou la pâte à tartiner, puis ajoutez l'œuf et la moitié des graines de sésame si vous en utilisez.

3 Mélangez 425 ml d'eau chaude avec 150 ml d'eau bouillante, ajoutez 275 ml d'eau du robinet à température ambiante. Ajoutez-les aux autres ingrédients.

4 Versez le mélange dans le moule. Saupoudrez du reste de graines de sésame, si vous en utilisez. Enfournez pendant environ 40 min, ou jusqu'à ce que le pain ait levé et qu'une brochette piquée en son centre ressorte sèche.

5 Laissez refroidir dans le moule 5 à 10 min recouvert d'un torchon de cuisine, renversez délicatement le pain sur une grille. Recouvrez du torchon et laissez-le reposer avant de le couper.

Conseil du chef

Le mélange non cuit sera très liquide mais il se raffermira pendant la cuisson et vous obtiendrez un pain humide mais compact. Si vos mains sont raides, il vous sera peut-être plus facile de mélanger tous les ingrédients dans un mixer.

Informations nutritionnelles

Pour un pain	
Energie	1855 kcal/7728 kj
Lipides totaux	26,5 g
Acides gras saturés	12,7 g
Protéines	38,1 g
Hydrates de carbone	36,0 g
Dont sucre	1,5 g
Fibres – NSP	10,9 g
Sodium	1245 mg

Pain à la farine de riz et à la banane

Voilà un pain excellent pour ceux qui essaient d'éviter les produits à base de blé et ceux à base de produits lactés. Sa texture est plus proche de celle d'un gâteau, mais son goût est très proche de celui d'un pain. Il est délicieux chaud, accompagné de confiture ou de miel.

Pour 1 pain :

2 bananes
150 g de farine de riz
50 g de margarine au tournesol
2 c.c. de levure chimique, sans blé, si vous suivez un régime
1 œuf
100 ml de lait, lait de soja, si vous suivez un régime

1 Mettez tous les ingrédients dans le bol d'un mixer et mixez jusqu'à obtention d'une purée lisse. Vous pouvez également utiliser un mixer à main et un bol si vous le préférez. Pendant ce temps, préchauffez le four à 180°C et graissez légèrement un petit moule à cake.

2 Versez le mélange dans le moule, enfournez 35 min, une brochette piquée en son centre doit ressortir sèche.

3 Sortez le pain du four et laissez-le refroidir légèrement. Retirez-le du moule et retournez-le sur une grille pour qu'il refroidisse complètement, recouvert d'un torchon de cuisine.

Conseil du chef

Vous pouvez transformer ce pain en gâteau en ajoutant 3 c.s. de sucre rapadura lorsque vous écrasez les bananes, vous ajouterez aussi 2 c.s. de raisins secs ou autres fruits secs juste avant de le mettre au four.

Informations nutritionnelles

Pour un pain	
Energie	1236 kcal/5067 kj
Lipides totaux	50,4 g
Acides gras saturés	15,3 g
Protéines	22,4 g
Hydrates de carbone	172 g
Dont sucre	47 g
Fibres – NSP	5,2 g
Sodium	544 mg

Adresses utiles

FRANCE

ASSOCIATION NATIONALE DE DÉFENSE CONTRE L'ARTHRITE RHUMATOIDE (ANDAR)
Siège social BP 7207
34086 Montpellier Cedex 4
Tél. 046 747 61 76
Fax Paris 0146 28 08 63

CANADA

ARTHRITE MONTRÉAL
750, avenue Dawson; Suite 103
Dorval; (Montréal); Québec H9S 1X1
Tél. 514-631 32 88
Fax 514-631 94 84
Courriel: info@arthritemontreal.ca
Donne beaucoup d'informations

BELGIQUE

ASSOCIATION BELGE DE POLYARTHRITE
10, avene Hyppocrate
1200 Bruxelles
Tél. 02 764 35 08
Fax 02 764 89 50
Courriel: association.polyarthrite@skynet.be
Site Web: HTTP://users.skynet.be/association.polyarthrite/

SUISSE

ASSOCIATION SUISSE DES POLYARTHRITIQUES (ASP)

Feldeggstrasse 69
Case postale 1332
8032 Zurich
Tél. 01 422 35 00
Fax 01 422 03 27
Courriel: spv@arthritis.ch

Table des matières

Index